中国工程建设标准化协会标准

道路复合稳定土应用技术标准

Technical Standards for Application of Road Compound Stabilized Soil

T/CECS G：D31-01—2017

主编单位：吉林省松原市交通运输局
　　　　　吉林中路新材料有限责任公司
批准部门：中国工程建设标准化协会
实施日期：2018 年 01 月 01 日

人民交通出版社股份有限公司

图书在版编目(CIP)数据

道路复合稳定土应用技术标准：T/CECS G：D31-01—2017／吉林省松原市交通运输局，吉林中路新材料有限责任公司主编. — 北京：人民交通出版社股份有限公司，2017.11

ISBN 978-7-114-14310-6

Ⅰ.①道… Ⅱ.①吉… ②吉… Ⅲ.①道路工程—稳定土—技术标准 Ⅳ.①U416.212-65

中国版本图书馆 CIP 数据核字(2017)第 272518 号

标准类型：中国工程建设标准化协会标准
标准名称：**道路复合稳定土应用技术标准**
标准编号：T/CECS G：D31-01—2017
主编单位：吉林省松原市交通运输局
　　　　　吉林中路新材料有限责任公司
责任编辑：吴有铭　李　沛
出版发行：人民交通出版社股份有限公司
地　　址：(100011)北京市朝阳区安定门外外馆斜街 3 号
网　　址：http://www.ccpcl.com.cn
销售电话：(010)85285857
总 经 销：人民交通出版社股份有限公司发行部
经　　销：各地新华书店
印　　刷：北京建宏印刷有限公司
开　　本：880×1230　1/16
印　　张：3.75
字　　数：70 千
版　　次：2017 年 11 月　第 1 版
印　　次：2025 年 1 月　第 2 次印刷
书　　号：ISBN 978-7-114-14310-6
定　　价：40.00 元

(有印刷、装订质量问题的图书，由本社负责调换)

中国工程建设标准化协会
公 告

第 305 号

关于发布《道路复合稳定土应用技术标准》的公告

根据中国工程建设标准化协会《关于印发〈2015年第一批工程建设协会标准制订、修订计划〉的通知》（建标协字[2015]044号）的要求，按照中国工程建设标准化协会标准管理办法的相关规定，由本协会公路分会组织编制的《道路复合稳定土应用技术标准》经审查通过，现批准发布，编号为 T/CECS G:D31-01—2017，自2018年1月1日起施行。

二〇一七年十月十六日

前 言

根据中国工程建设标准化协会《关于印发〈2015 年第一批工程建设协会标准制订、修订计划〉的通知》(建标协字〔2015〕044 号)的要求,由吉林省松原市交通运输局、吉林中路新材料有限责任公司承担《道路复合稳定土应用技术标准》(以下简称"本标准")的制定工作。

编写组在总结道路复合稳定土十余年来工程经验和相关科研成果的基础上,以完善和提升土质固化剂及其复合稳定土的筑路技术为核心,完成了本标准的编写工作。

本标准分为 7 章、2 篇附录及 2 篇附件,主要内容包括总则、术语、原材料要求、结构设计、混合料组成设计、复合稳定土施工、施工质量检测与检查,附录 A 土质固化剂技术指标检验方法,附录 B 复合稳定土基层、底基层材料设计参数,附件 1 复合稳定土技术路用指标试验检测数据、附件 2 复合稳定土技术应用部分案例。

本标准基于通用的工程建设理论及原则编制,适用于本标准提出的应用条件。对于某些特定专项应用条件,使用本标准相关条文时,应对适用性及有效性进行验证。

本标准由中国工程建设标准化协会公路分会负责归口管理,由吉林省松原市交通运输局或吉林中路新材料有限责任公司负责具体技术内容的解释,在执行过程中如有意见或建议,请函告本标准日常管理组,中国工程建设标准化协会公路分会(地址:北京市海淀区西土城路 8 号;邮编:100088;电话:010 - 62079839;传真:010 - 62079983;电子邮箱:shc@rioh.cn),或李兴(地址:吉林省长春市高新区繁荣路 5299 号;邮编:130012;传真:0431 - 81036542;电子邮箱:Guhuaji_ZL@163.com),以便修订时研用。

主 编 单 位:吉林省松原市交通运输局
　　　　　　　吉林中路新材料有限责任公司
参 编 单 位:中国路桥工程有限责任公司
　　　　　　　吉林省公路管理局
　　　　　　　吉林省交通规划设计院
　　　　　　　吉林省交通科学研究所
　　　　　　　吉林省高等级公路建设局
　　　　　　　吉林省路桥设计股份有限公司
　　　　　　　吉林省交通规划设计院公路工程试验检测站
　　　　　　　吉林交通职业技术学院道桥工程学院
　　　　　　　长安大学材料科学与工程学院

河北省交通规划设计院
陕西省交通规划设计研究院
新疆交通科学研究院
内蒙古交通设计院有限责任公司
上海汲璇材料科技有限责任公司
吉林省松原市公路工程试验检测中心
水利部松辽水利委员会规研中心
吉林省水利水电勘测设计研究院

主　　　编：刘全忠　李　兴

主要参编人员：成　果　李剑峰　周　健　于庆华　栾　海　孙福申
　　　　　　　　胡雪峰　刘　山　张炳涛　迟东彪　纪青山　王连威
　　　　　　　　陈华鑫　马　磊　王联芳　陈长海　曲大波　张晓丽
　　　　　　　　邱阳华

主　　审：王旭东

参与审查人员：陈国靖　李春风　刘怡林　冷曦晨　王潮海　陈东丰
　　　　　　　　胡　珊　周志刚　凌建明　程培峰　刘寒冰　张龙义

参　加　人　员：辛　强　闫秋波　李长江　王天华　曲忠义

目 次

1 总则 ………………………………………………………………………… 1
2 术语 ………………………………………………………………………… 2
3 原材料要求 ………………………………………………………………… 4
　3.1 一般规定 …………………………………………………………… 4
　3.2 土 …………………………………………………………………… 4
　3.3 土质固化剂 ………………………………………………………… 5
　3.4 水泥 ………………………………………………………………… 5
　3.5 石灰 ………………………………………………………………… 6
　3.6 粉煤灰 ……………………………………………………………… 6
　3.7 水 …………………………………………………………………… 7
4 结构设计 …………………………………………………………………… 8
　4.1 一般规定 …………………………………………………………… 8
　4.2 结构设计要求 ……………………………………………………… 8
5 混合料组成设计 …………………………………………………………… 9
　5.1 一般规定 …………………………………………………………… 9
　5.2 强度要求 …………………………………………………………… 9
　5.3 配合比设计 ………………………………………………………… 11
　5.4 结合料的计算和掺加范围 ………………………………………… 12
6 复合稳定土施工 …………………………………………………………… 14
　6.1 一般规定 …………………………………………………………… 14
　6.2 路拌法施工工艺 …………………………………………………… 15
　6.3 集中厂拌法施工工艺 ……………………………………………… 19
　6.4 碾压工艺 …………………………………………………………… 21
　6.5 养生 ………………………………………………………………… 24
7 施工质量检测与检查 ……………………………………………………… 25
　7.1 一般规定 …………………………………………………………… 25
　7.2 铺筑试验路 ………………………………………………………… 25
　7.3 施工过程检测 ……………………………………………………… 26
　7.4 质量检查 …………………………………………………………… 30

— 1 —

附录 A　土质固化剂技术指标检验方法 ··· 32
　A.1　适用范围 ··· 32
　A.2　仪器与试剂 ·· 32
　A.3　标准溶液的配制和标定 ··· 32
　A.4　固形物含量测定 ·· 33
　A.5　总碱度测定 ·· 34
　A.6　总酸度测定 ·· 34
　A.7　pH 值的测定 ·· 34
　A.8　溶解性的测定 ··· 34
　A.9　密度的测定 ·· 35
附录 B　复合稳定土基层、底基层材料设计参数 ·· 36
附件 1　复合稳定土技术路用指标试验检测数据 ·· 37
附件 2　复合稳定土技术应用案例 ·· 48
本标准用词用语说明 ·· 49

1 总则

1.0.1 为适应道路建设的需要,规范复合稳定土的应用技术,提高工程质量,制定本标准。

1.0.2 本标准适用于各等级公路及城市、厂矿、港区、林区、水利等其他道路的新建、改扩建及养护工程的复合稳定土基层、底基层以及路基修筑。

条文说明

复合稳定土基层、底基层及路基具有足够的强度和稳定性,是一种能够承担相应交通荷载作用的道路结构层,所建成的道路在多年使用中,各项技术指标和路用性能显示良好,具有显著的经济效益和社会效益。

1.0.3 本标准规定了采用电离子溶液类土质固化剂时,水泥复合稳定土、石灰复合稳定土、水泥石灰复合稳定土以及粉煤灰复合稳定土的配合比设计、施工工艺和质量管理要求。

1.0.4 工程中应按本标准的设计要求选择技术经济合理的技术方案。

1.0.5 复合稳定土基层、底基层以及路基的设计与施工,应进行相关的试验和检测。

1.0.6 应用复合稳定土技术应符合资源节约和环境保护的相关规定。

1.0.7 应用复合稳定土技术除应符合本标准的规定外,尚应符合国家和行业现行有关标准的规定。

条文说明

本标准在编写过程中主要参考了如下国家标准、行业标准和地方标准:《公路路面基层施工技术细则》(JTG/T F20)、《公路沥青路面设计规范》(JTG D50)、《公路路基设计规范》(JTG D30)、《公路路基施工技术规范》(JTG F10)、《公路工程无机结合料稳定材料试验规程》(JTG E51)、《公路工程质量检验评定标准 第一册 土建工程》(JTG F80/1)、《原油和液体石油产品密度实验室测定法(密度计法)》(GB/T 1884)、《有机化工产品试验方法 第1部分:液体有机化工产品水混溶性试验》(GB/T 6324.1)等。

2 术语

2.0.1 电离子溶液类土质固化剂 ionized-solution-type soil stabilizer

由多种离子类表面活性剂和多种单分子水溶性无机材料组成，通过与土颗粒中的离子发生化学交联作用，利用强离子破坏土颗粒表面的双电结构并形成新的结构，以改善和提高土质技术性能的复合物溶液。

2.0.2 复合稳定土 compound stabilized soil

以含有一定细粒土成分的土为基本材料，用土质固化剂和石灰、水泥、粉煤灰等无机结合料按一定比例均匀掺配而形成的、能够满足路用技术指标要求的混合料。

2.0.3 石灰复合稳定土 lime stabilized soil

以石灰作为结合料的复合稳定土。

2.0.4 水泥复合稳定土 cement stabilized soil

以水泥作为结合料的复合稳定土。

2.0.5 水泥石灰复合稳定土 cement-lime stabilized soil

以水泥和石灰共同作为结合料的复合稳定土，或称综合复合稳定土。

2.0.6 粉煤灰复合稳定土 fly-ash stabilized soil

以粉煤灰作为结合料的复合稳定土。

2.0.7 固形物含量 solid content

土质固化剂液体中所含固形物的总量，包括液体中的可溶物经干燥后可以形成固体的所有化学物质和不可避免的杂质。

2.0.8 总酸度 total acidity

中和100g土质固化剂消耗氢氧化钠（NaOH）的质量。

2.0.9 总碱度 total alkalinity

中和100g土质固化剂消耗盐酸（HCl）的质量。

2.0.10 细粒土 fine-grained soil

颗粒最大粒径不大于4.75mm，公称最大粒径不大于2.36 mm 的土。

2.0.11 中粒土 medium-grained soil

颗粒最大粒径不大于26.5mm，公称最大粒径大于2.36 mm 且不大于19.0mm 的土或集料。

2.0.12 粗粒土 coarse-grained soil

颗粒最大粒径不大于53.0mm，公称最大粒径大于19.0 mm 且不大于37.5mm 的土或集料。

3 原材料要求

3.1 一般规定

3.1.1 原材料试验应随机选取试验样本,并满足现行试验规程或相关设计文件所规定的数量要求。

3.2 土

3.2.1 按照土的颗粒组成,将土分为细粒土、中粒土和粗粒土三种。复合稳定土宜以稳定细粒土为主。

条文说明
　　土的分类按照《公路工程无机结合料稳定材料试验规程》(JTG E51)的规定执行。

3.2.2 塑性指数小于12的细粒土,以及黏土颗粒含量小于30%的中粒土或粗粒土,宜用于水泥复合稳定土。

3.2.3 塑性指数在9~17范围内的细粒土,以及黏土颗粒含量大于30%的中粒土或粗粒土,宜用于石灰复合稳定土。

3.2.4 塑性指数大于17、液限大于40%的土,不宜单独采用一种结合料做复合稳定土,可用水泥和石灰综合稳定。

3.2.5 硫酸盐含量超过0.25%的土,不应用水泥复合稳定;硫酸盐含量超过0.8%的土,不宜用石灰复合稳定。

3.2.6 有机质含量超过2%的土,应先用石灰进行处理,闷料12h后再用水泥复合稳定。有机质含量超过10%的土,不得用于复合稳定土。

3.2.7 可用水泥或石灰复合稳定的土,均可作为粉煤灰复合稳定用土。

3.2.8 复合稳定土用土,应取有代表性的试样进行下列试验：
1 颗粒分析(试验方法:T 0115);
2 液限和塑性指数(试验方法:T 0118/T 0119);
3 有机质含量(必要时做)(试验方法:T 0151);
4 硫酸盐含量(必要时做)(试验方法:T 0153)。

3.3 土质固化剂

3.3.1 应根据土的工程性质选择相适应的土质固化剂。适用于不同土质的土质固化剂的指标和特征宜满足表 3.3.1 的要求。

表3.3.1 适用于不同土质的土质固化剂的指标和特征

序号	固化剂的性质指标	土的工程性质			
		塑性指数$7 \leq I_p \leq 17$,或小于 0.075mm 颗粒含量为10%~30%	塑性指数$5 \leq I_p \leq 9$,或小于 0.075mm 颗粒含量为8%~12%	塑性指数$I_p < 7$,或小于 0.075mm 颗粒含量小于10%	塑性指数$I_p > 14$,或小于 0.075mm 颗粒含量大于30%
1	pH 值	≤1	≥11	≥12	≤1
2	溶解性	完全溶解	完全溶解	完全溶解	完全溶解
3	密度(20℃,g/cm³)	1.24 ± 0.03	1.26 ± 0.03	1.28 ± 0.03	1.28 ± 0.03
4	固形物含量(%)	25.0~35.0	33.0~43.0	32.0~42.0	42.0~48.0
5	总酸度(NaOH,g/100g 样品)	9.5~12.5	—	—	21.0~27.0
6	总碱度(HCl,g/100g 样品)	—	7.0~9.5	7.0~9.5	—

注:工程用土满足其中一个条件即可选用相对应的固化剂。

条文说明
表 3.3.1 中,溶解性:完全溶解指能迅速溶解于溶剂中,形成均匀透明的溶液。pH值:固化剂使用时需要用水稀释,稀释至 25 倍以上时为弱酸、弱碱。
所使用的固化剂应符合国家环保要求。

3.4 水泥

3.4.1 普通硅酸盐水泥等都可用于复合稳定土;宜采用强度等级较低的水泥,如 32.5 级或 42.5 级水泥。

3.4.2 水泥初凝时间应大于 3h,终凝时间应在 6h 以上且小于 10h。

3.4.3 水泥的安定性应合格。严禁使用已受潮变质的水泥。

3.5 石灰

3.5.1 石灰技术要求应符合表 3.5.1-1 和表 3.5.1-2 的规定。

表 3.5.1-1 生石灰技术要求

指 标	钙质生石灰			镁质生石灰			试验方法
	Ⅰ	Ⅱ	Ⅲ	Ⅰ	Ⅱ	Ⅲ	
有效氧化钙加氧化镁含量(%)	≥85	≥80	≥70	≥80	≥75	≥65	T 0813
未消化残渣含量(%)	≤7	≤11	≤17	≤10	≤14	≤20	T 0815
钙镁石灰的分类界限,氧化镁含量(%)	≤5			>5			T 0812

表 3.5.1-2 消石灰技术要求

指 标		钙质消石灰			镁质消石灰			试验方法
		Ⅰ	Ⅱ	Ⅲ	Ⅰ	Ⅱ	Ⅲ	
有效氧化钙加氧化镁含量(%)		≥65	≥60	≥55	≥60	≥55	≥50	T 0813
含水率(%)		≤4	≤4	≤4	≤4	≤4	≤4	T 0801
细度	0.60mm 方孔筛的筛余(%)	0	≤1	≤1	0	≤1	≤1	T 0814
	0.15mm 方孔筛的筛余(%)	≤13	≤20	—	≤13	≤20	—	T 0814
钙镁石灰的分类界限,氧化镁含量(%)		≤4			>4			T 0812

3.5.2 高速公路、一级公路、城市快速路、城市主干路和港区道路用石灰应不低于Ⅱ级技术要求,二级公路、城市次干路及支路、厂矿道路、林区道路和水利道路用石灰应不低于Ⅲ级技术要求,三级及三级以下公路宜不低于Ⅲ级技术要求。

3.5.3 三级及三级以下公路使用等外石灰时,有效氧化钙含量应在 20% 以上,且混合料强度应满足要求。

3.5.4 应尽量缩短石灰的存放时间;石灰在露天堆放时间较长时,应予覆盖防潮。

3.6 粉煤灰

3.6.1 干排或湿排的硅铝粉煤灰和高钙粉煤灰等均可用作路基的结合料。粉煤灰的技术要求应符合表 3.6.1 的规定。

表 3.6.1 粉煤灰技术要求

检测项目	技术要求	试验方法
SiO_2、Al_2O_3 和 Fe_2O_3 总含量(%)	>70	T 0816
烧失量(%)	≤20	T 0817
比表面积(cm^2/g)	>2500	T 0820
0.3mm 筛孔通过率(%)	≥90	T 0818
0.075mm 筛孔通过率(%)	≥70	T 0818
湿粉煤灰含水率(%)	≤35	T 0801

3.6.2 当粉煤灰比表面积不大于 2500cm^2/g 时,应将粉煤灰进一步磨细。

3.7 水

3.7.1 符合现行《生活饮用水卫生标准》(GB 5749)的饮用水,可直接作为复合稳定土的拌和与养生用水。

3.7.2 非饮用水用于拌和和养生时应进行水质检验,技术要求应符合表 3.7.2 的规定。

表 3.7.2 非饮用水技术要求

项 次	项 目	技 术 要 求	试 验 方 法
1	pH 值	≥4.5	JGJ 63
2	Cl^- 含量(mg/L)	≤3 500	
3	SO_4^{2-} 含量(mg/L)	≤2 700	
4	碱含量(mg/L)	≤1 500	
5	可溶物含量(mg/L)	≤10 000	
6	不溶物含量(mg/L)	≤5 000	
7	其他杂质	不应有漂浮的油脂和泡沫及明显的颜色和异味	

4 结构设计

4.1 一般规定

4.1.1 复合稳定土基层、底基层应具有足够的强度、稳定性和较小的收缩(温缩及干缩)变形。

条文说明

通过室内试验与对实体工程检测结果的比较,表明复合稳定土的强度能满足规范对半刚性路面基层混合料技术指标的要求;通过复合稳定土基层稳定性、整体强度以及抗收缩性等指标与常规无机结合料稳定类材料的对比,表明复合稳定土具备技术的可靠性。路用指标试验检测数据详见附件1。

4.1.2 复合稳定土基层、底基层和路基结构设计,应贯彻因地制宜、就地取材的原则,通过对当地材料情况的调查,根据道路功能、公路等级、交通量大小及其组成、气候条件以及路基水文地质状况等因素,选择技术可靠、经济合理的结构组合方案。

4.1.3 复合稳定土应用时应符合下列规定:
1 水泥复合稳定土、石灰复合稳定土和水泥石灰复合稳定土宜用于高速公路、一级公路、城市快速路、城市主干路和港区道路的底基层。
2 水泥复合稳定土、石灰复合稳定土和水泥石灰复合稳定土宜用于二级及二级以下公路、城市次干路及支路、厂矿道路、林区道路和水利道路等的基层和底基层。
3 粉煤灰复合稳定土可用于各类道路的路基。
4 对有特殊气候条件或特殊荷载需求的道路,复合稳定土的类别及适用层位应经试验论证后确定。

4.2 结构设计要求

4.2.1 复合稳定土基层和底基层的设计厚度应根据交通量大小、材料性能等因素确定,且不得小于150mm。

4.2.2 在排水不良或路基潮湿、过湿状态的路段,可设置复合稳定土垫层。

5 混合料组成设计

5.1 一般规定

5.1.1 混合料组成设计中,应根据当地材料的特点和混合料设计要求,选择技术合理、经济可行的混合料类型和配合比。

5.1.2 应根据已确定使用的土的种类和性质、道路的等级和应用层位等,选用满足要求的结合料和固化剂类型,确定混合料配合比设计的技术指标。

5.1.3 复合稳定土材料组成设计应包括材料检验、混合料的目标配合比设计、混合料的生产配合比设计和施工参数确定四部分。

5.1.4 确定复合稳定土混合料最佳含水率和最大干密度指标时应采用重型击实方法。

5.2 强度要求

5.2.1 应采用7d龄期无侧限抗压强度作为复合稳定土施工质量控制的主要指标。

条文说明

根据材料的7d龄期无侧限抗压强度水平高低可以预测材料在长期使用环境下路用强度水平的情况。对于同一类复合稳定土材料,7d龄期无侧限抗压强度水平越高,其后期的强度水平也越高。

5.2.2 高速公路、一级公路、城市快速路、城市主干路和港区道路,应验证所用材料的7d龄期无侧限抗压强度与90d或180d龄期弯拉强度的关系。

5.2.3 公路工程水泥复合稳定土的7d龄期无侧限抗压强度标准R_d应符合表5.2.3的规定。

5.2.4 公路工程石灰复合稳定土的7d龄期无侧限抗压强度标准R_d应符合表5.2.4的规定。

表5.2.3　公路工程水泥复合稳定土的7d龄期无侧限抗压强度标准 R_d（MPa）

结构层	公路等级	极重、特重交通	重交通	中、轻交通
基层	二级及二级以下公路	4.0~6.0	3.0~5.0	2.0~4.0
底基层	高速公路和一级公路	3.0~5.0	2.5~4.5	2.0~4.0
	二级及二级以下公路	2.5~4.5	2.0~4.0	1.0~3.0

注：1. 表中强度标准指的是7d龄期无侧限抗压强度的代表值。本节以下各表同。
　　2. 公路等级高或交通荷载等级高或结构安全性要求高时，推荐取上限强度标准。

表5.2.4　公路工程石灰复合稳定土的7d龄期无侧限抗压强度标准 R_d（MPa）

结构层	高速公路和一级公路	二级及二级以下公路
基层	—	≥0.8
底基层	≥0.8	0.5~0.7

注：1. 石灰土强度达不到本表规定的抗压强度标准时，可添加部分水泥。
　　2. 二级及二级以下公路底基层，表中低限用于塑性指数小于7的黏性土，且低限值宜仅用于二级以下公路；高限用于塑性指数大于7的黏性土。

5.2.5　公路工程粉煤灰复合稳定土路基填料的强度应满足表5.2.5的要求。

表5.2.5　公路工程粉煤灰复合稳定土路基填料最小强度表

材料应用部位（路床顶面以下深度）（m）		填料最小强度（CBR）（%）		
		高速公路、一级公路	二级公路	三、四级公路
填方路基	上路床（0~0.30）	8	6	5
	下路床（0.30~1.20）	5	4	3

注：1. 表列强度CBR试验条件应符合现行《公路土工试验规程》（JTG E40）的规定。
　　2. 当三、四级公路铺筑沥青混凝土或水泥混凝土路面时，应采用二级公路的规定值。

5.2.6　城市快速路、城市主干路和港区道路的底基层强度要求与表5.2.3、表5.2.4中的高速公路和一级公路相同。城市次干路及支路、厂矿道路、林区道路和水利道路等的基层、底基层强度要求与表5.2.3、表5.2.4的二级及二级以下公路相同。

5.2.7　根据表5.2.3或表5.2.4规定的抗压强度标准，确定合适的结合料和固化剂配合比。此配合比试件室内试验结果的平均抗压强度 $\bar{R}$ 应符合式（5.2.7）的要求：

$$\bar{R} \geqslant \frac{R_d}{1 - Z_\alpha C_v} \qquad (5.2.7)$$

式中：R_d——设计抗压强度，见表5.2.3或表5.2.4；
　　　C_v——试验结果的变异系数，以小数计；

Z_α——标准正态分布表中随保证率(或置信度 α)而变的系数,高速公路、一级公路、城市快速路、城市主干路和港区道路应取保证率95%,即 $Z_\alpha = 1.645$;其他道路应取保证率90%,即 $Z_\alpha = 1.282$。

条文说明

式(5.2.7)就是观测值的下波动限 $(\bar{R} - Z_{\alpha/2}S)$,应大于或等于设计抗压强度 R_d。

5.3 配合比设计

5.3.1 同一种土样,可选定3种不同剂量固化剂的配合比进行试验。

5.3.2 每种剂量的固化剂,宜做5种剂量的结合料的混合料击实试验。其中最小剂量、中间剂量和最大剂量混合料的最佳含水率和最大干密度应由击实试验获得,其他两种剂量混合料的最佳含水率和最大干密度可用内插法确定。

条文说明

复合稳定土混合料配比中,不同的土质固化剂对土的稳定效果相差较大,应根据不同的土质情况选用。不论使用何种固化剂,在使用前都应按规定进行配合比试验和检测,只有当混合料性能达到要求时,才能使用。

复合稳定土混合料通过试配找出最佳配合比。固化剂的剂量、结合料的剂量与混合料强度之间没有直接对应的关系。

5.3.3 复合稳定土强度试验的试件尺寸(直径×高)应满足下列规定:
    1 细粒土成型中型试件的尺寸为 $\phi100\text{mm} \times 100\text{mm}$。
    2 中粒土、粗粒土成型大型试件的尺寸为 $\phi150\text{mm} \times 150\text{mm}$。

5.3.4 应根据规定的压实度计算相应的干密度,并按最佳含水率制备试件。

条文说明

制备试件时不应按击实试验所得的最大干密度制作,而应按与规定的现场压实度相应的干密度制作。

5.3.5 试件应在标准养生温度20℃±2℃、湿度不小于95%的条件下,养生6d、浸水24h后,进行无侧限抗压强度试验。

5.3.6 在进行强度试验时,每组试件的数量应不小于表5.3.6的规定。试验结果的变异系数大于表中规定值时,应重做试验或增加试件数量。

表 5.3.6 平行试验的最少试件数量

材料类型	变异系数 C_v(%)要求		
	≤10%	10%~15%	15%~20%
细粒土	6	9	—
中粒土	6	9	13
粗粒土	—	9	13

5.3.7 试验数据应按下列要求整理：

1 抗压强度保留 1 位小数。

2 同一组试件试验中,采用 3 倍均方差方法剔除异常值,中型试件允许有 1~2 个异常值,大型试件允许有 2~3 个异常值,异常值数量超过上述规定的试验应重做。

3 如不能保证试验结果的变异系数小于规定值,则应按允许误差 10% 和 90% 概率重新计算所需的试件数量,增加试件数量并另做新试验。新试验结果与老试验结果一并重新进行统计评定,直到变异系数满足上述规定。

5.4 结合料的计算和掺加范围

5.4.1 复合稳定土材料的配合比应按"(结合料:土)+固化剂(%)"的形式表示。

1 复合稳定土结合料的剂量应以结合料干质量占混合料干质量(结合料+土)的百分率表示,即:结合料剂量=结合料干质量/混合料干质量。

2 复合稳定土固化剂为外掺,其剂量应以固化剂原液质量占混合料干质量(结合料+土)的百分率表示,即:固化剂剂量=固化剂原液质量/混合料干质量。

条文说明

一般表示如:水泥剂量为 2.5%、石灰剂量为 3.5%,土的剂量应为 94.0%,固化剂剂量为 0.020%,则复合稳定土混合料的配合比表示为:(水泥:石灰:土)+固化剂(%)=(2.5:3.5:94.0)+0.020%。

5.4.2 通过对土的塑性指数和颗粒分析,确定固化剂的型号进行配合比试验。复合稳定土基层、底基层混合料配制比例范围,可按表 5.4.2 执行。

表 5.4.2 复合稳定土基层、底基层混合料配制比例范围

复合稳定土混合料类型	基层			底基层		
	结合料剂量(%)		固化剂剂量(%)	结合料剂量(%)		固化剂剂量(%)
	水泥	石灰		水泥	石灰	
水泥复合稳定土	3.0~8.0	—	0.015~0.030	3.0~6.0	—	0.010~0.025
石灰复合稳定土	—	4.0~10.0	0.015~0.030	—	4.0~8.0	0.010~0.025
水泥石灰复合稳定土	1.0~8.0	3.0~10.0	0.015~0.030	1.0~8.0	3.0~10.0	0.010~0.025

条文说明

复合稳定土混合料组成与道路等级、土质及层位有关。工程案例详见附件2,可供混合料配合比设计时参考。

5.4.3 水泥石灰复合稳定土中,水泥用量占结合料总量的30%以上时,应按水泥复合稳定土的技术要求进行组成设计,否则应按石灰复合稳定土的技术要求进行组成设计。

5.4.4 用于路基的粉煤灰复合稳定土应符合下列规定:
1 粉煤灰复合稳定土粉煤灰的技术要求应符合表3.6.1的规定。
2 粉煤灰复合稳定土混合料的常用配合比宜符合表5.4.4的规定。

表5.4.4 粉煤灰复合稳定土常用配合比

材料名称	粉煤灰(%)	土(%)	固化剂(%)
配合比	3.0~5.0	95.0~97.0	0.015~0.020

6 复合稳定土施工

6.1 一般规定

6.1.1 各类型道路复合稳定土的拌和及摊铺工艺宜符合下列规定：

1 高速公路、一级公路、城市快速路、城市主干路和港区道路底基层施工，宜采用集中厂拌法拌和混合料，并用摊铺机摊铺。

2 二级公路、城市次干路基层、底基层可使用专用的稳定土拌和机或使用集中厂拌法拌和混合料。

3 其他道路基层、底基层可采用稳定土拌和机或其他拌和机具路拌法施工。

4 用于路基的粉煤灰复合稳定土可采用路拌法施工。

6.1.2 施工中实际采用的固化剂和结合料剂量应比室内试验确定的剂量高。固化剂可增加0.001个百分点；采用集中厂拌法施工时，结合料可增加0.5个百分点；采用路拌法施工时，结合料宜增加1.0个百分点。

6.1.3 施工中的含水率以配合比设计的结果为依据，综合考虑施工全过程（从拌和到碾压）以及环境和气候条件（如运距较远或天气炎热）等因素，对水泥稳定材料，含水率可增加0.5~1.5个百分点；对石灰、粉煤灰稳定材料，可增加1.0~2.0个百分点。

6.1.4 道路复合稳定土宜在春末和夏秋气温较高季节施工。道路复合稳定土施工期的日最低气温应在5℃以上；在有冰冻的地区，应在第一次重冰冻（-5~-3℃）到来的半个月至一个月之前结束施工。

条文说明

施工期（包括养生）温度对复合稳定土的强度有很明显的影响。实践表明，施工期温度高，复合稳定土的强度相应也高。具体施工期限可根据当地本年度具体时间段的气候确定。

6.1.5 对细粒土，土块应粉碎，土块最大颗粒不应大于15mm。粉土、黏土或砂土应处于松散可拌状态，否则应晾干或筛除土块；如黏质土结块严重，应撒布石灰充分闷料后进行破碎。

6.1.6 必须采取措施防止表面水透入基层;在复合稳定土基层上应设置沥青透层和下封层;应采取相应的技术措施加强基层与沥青面层的联结。

6.1.7 复合稳定土在雨季施工时,应注意天气变化,防止混合料遭到淋雨;遇雨时应停止拌和和摊铺,如已铺筑应快速整形、压实,无法压实时应挖除。

6.1.8 当施工中断、临时开放交通时,应采取保护措施,避免施工层面遭到破坏。

6.2 路拌法施工工艺

6.2.1 复合稳定土路拌法施工宜采用层铺路拌法,其方法是在准备施工的路段上,将土和结合料就地逐层摊铺,用路拌机以及其他机械或人工就地拌和,形成混合料结构层。

6.2.2 采用路拌法施工时,混合料摊铺和拌和都应做到均匀。摊铺完成后,表面应没有空白部位,也没有过分集中的部位;拌和后的混合料应充分均匀。

6.2.3 路拌法施工拌和结束时,应及时检测含水率。含水率宜略大于最佳含水率值,不足时宜用压力式洒水车补充。

6.2.4 同日施工的两个工作段的衔接处理按下列规定进行:
1 前一段拌和整形后,留 5~10m 不碾压。
2 对于结合料为水泥的混合料,后一段施工时,在前一段的未压部分再加部分水泥重新拌和,并与后一段一起碾压。
3 对于结合料为其他材料的预留段,与后一段一起碾压。

6.2.5 每天最后一段施工缝的做法应符合下列规定:
1 在已碾压完成的复合稳定土混合料层的末端挖出一条横贯路宽、深度至下承层的槽,在紧靠其垂直断面处放置与压实厚度等高或略高的隔板。
2 用钢钎固定隔板,并在隔板后的槽内回填土。
3 次日施工时,在隔板后邻接处拌和混合料,除去隔板后回填。
4 整平时接缝处的混合料应较已完成断面高出约 50mm。
5 新混合料碾压过程中,应将接缝处修整平顺。

6.2.6 石灰复合稳定土层铺路拌法施工宜符合下列规定:
1 石灰复合稳定土层铺路拌法施工工艺流程按图 6.2.6 的顺序进行。

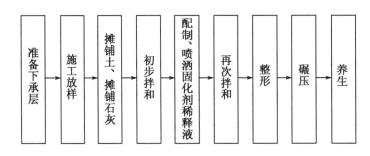

图 6.2.6 石灰复合稳定土层铺路拌法施工工艺流程图

2 准备下承层

1）复合稳定土混合料铺筑前,应对下承层的弯沉值（强度）、压实度、高程、平整度和横坡度等质量指标及外观（坑槽、搓板、裂缝与局部松散等）状况进行检查。如不符合要求,应针对不同情况进行处理,达到标准后方可运料铺筑。

2）在培有路肩或槽式断面的路段,两侧路肩上每隔一定距离（可为 5～10m）交错开挖泄水沟（或做砂石渗沟）,以利排水。

3 施工放样

1）在下承层上恢复中线,直线段每 15～20m 设一桩,曲线段每 10～15m 设一桩。

2）在两侧路肩边缘外钉设指示桩,以供挂线控制铺筑界限、标记厚度和高程。

4 摊铺土

1）复合稳定土基层、底基层用土应先行运到施工路段进行摊铺；在运到路段前,必须经过检验合格。

2）当土的天然含水率高于最佳含水率时,应进行晾晒降低含水率,以满足喷洒固化剂稀释液的施工条件。

3）摊铺前,应通过试验确定土的松铺系数,根据计算的用量,等距离、均匀地将土堆置于下承层上。每车运土量接近相等。

4）摊铺时,可根据铺筑厚度、进度要求、机械设备条件,选择平地机、推土机或其他可行的方法。

5）摊铺后,表面应平整,并有规定的路拱横坡。

5 摊铺石灰

1）运到铺筑现场的石灰必须是经过消解并检验合格的消石灰,粒径不大于 10mm。

2）计算出每平方米所需石灰的质量,根据每车所运石灰数量和石灰的松方重度,计算出一车石灰所铺面积；在已摊铺完成的土层上,按标划出的段落或格线卸料。

3）石灰宜用人工定量、均匀地撒布、摊铺。

4）摊铺时,应随时检查并与设计用量核对,如用量不足,则立即加以补充。

5）雨天不应摊铺石灰,对已摊铺的应快速拌和压实或待雨后晾晒再拌和压实。

6 初步拌和

拌和分为初步拌和（初拌）和再次拌和（再拌）。初步拌和可采用路拌机或其他拌和机械沿路拌和,使石灰和土充分混合。所用稳定土拌和机的选择应根据土质以及拌和厚度选择适合的机械;拌和路段长度视机械效率而定,一般为300m~500m。初步拌和2遍后,立即喷洒固化剂稀释液。

7 配制、喷洒固化剂稀释液

1)固化剂使用前要充分摇匀,使沉淀充分溶解。

2)配制固化剂稀释液时,应根据混合料的实际含水率和最佳含水率以及设计的固化剂剂量来确定稀释比例,其稀释倍数一般不小于25倍。可按式(6.2.6-1)和式(6.2.6-2)计算:

$$C = \frac{w_1 - w_2}{P} \quad (6.2.6\text{-}1)$$

$$w_2 = \frac{w_3(100 - A) + w_4 \cdot A}{100} \quad (6.2.6\text{-}2)$$

式中:C——固化剂水溶液稀释倍数;

P——固化剂剂量(%);

w_1——复合稳定土混合料的最佳含水率(%);

w_2——土和结合料混合后的实际含水率(%);

w_3——土的天然含水率(%);

w_4——石灰含水率(%);

A——石灰剂量(%)。

3)喷洒固化剂稀释液。通过试喷,检查压力洒水车液流的压力,并根据用量调整车速和流量。喷洒第一遍固化剂稀释液后,用拌和机械拌和1~2遍,再喷洒第二遍固化剂稀释液。每遍喷洒设计用量的50%。

8 再次拌和

1)固化剂稀释液喷洒完毕后,应用拌和机械再拌和2~3遍。

2)调整好拌和深度,应达到所拌层厚的底部,并宜深入下承层5~10mm;由两侧拌向中间,每次拌和应有重叠,相邻重叠宽度为100~200mm。

3)应随时检查重叠宽度和拌和深度,避免漏拌超拌,如有不符,应及时调整。

4)合理确定拌和次数,直至拌和均匀,并达到最佳含水率为止。

9 整形

混合料拌和完成后,应根据施工条件,用平地机、推土机、人工或其他方法进行整形。整形应按设定的指示桩控制高程和边缘界限。

1)用平地机整形。在直线及不设超高的曲线路段,应由两侧向路中线进行刮平1~2遍;在设有超高的曲线路段,应由低侧向高侧进行刮平1~2遍。整形时,用推土机快速碾压1~2遍,以暴露不平整状况,再按前述程序整平,直至达到要求。

2)用推土机整形。可以整平、碾压相互进行。应由低侧向高侧进行刮平1~2遍,快速碾压1~2遍,以暴露不平整状况,再整平碾压直至达到要求。

3)当公路等级低或工程量较小时,可用人工整形。先用锹、耙将混合料摊平,用刮板或路拱板刮平,然后用推土机快速碾压1~2遍,再用锹、耙找平整形,最后用路拱板校正成型,初步压实。

4)整形中,应随时检查铺筑厚度,与混合料标准压实度条件下计算的松铺厚度相核对。在局部低洼处应耙松(深入100mm)并用补料整平;严禁利用薄层贴补的办法进行找平。

5)为保证找平层不干燥,避免出现夹层现象,可结合找平,喷洒少量低浓度(如1:500)的固化剂稀释液。整形工序宜在2h内完成。

条文说明

固化剂的稀释比例应根据w_2适时调整,以保证固化剂用量的准确。当w_2较小时,固化剂稀释的倍数应大些,相反,倍数应小些。当出现w_2较大时,可以通过翻拌、晾晒或加少量的石灰等降低多余的水分;为了保证拌和后的混合料在最佳含水率时碾压,配制固化剂稀释液时应考虑拌和遍数、施工时间以及气温对含水率的影响。在计算稀释比例时,可根据实际情况适当将混合料的最佳含水率提高1~2个百分点,以弥补碾压过程中水分的损失。

含水率过大,既会影响混合料可能达到的密度和强度,又会明显增大混合料的干缩性,使结构层容易产生干缩裂缝;含水率过小,会影响混合料可能达到的密度。

6.2.7 水泥复合稳定土层铺路拌法施工宜符合下列规定:

1 水泥复合稳定土层铺路拌法施工工艺流程按图6.2.7的顺序进行。

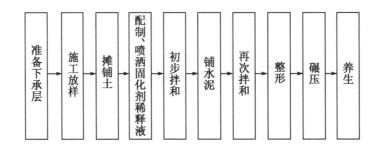

图6.2.7 水泥复合稳定土层铺路拌法施工工艺流程图

2 准备下承层

要求同第6.2.6条第2款。

3 施工放样

要求同第6.2.6条第3款。

4 摊铺土

方法和要求同第6.2.6条第4款。

底基层土的均匀系数,细粒土应大于5,中粒土和粗粒土应大于10。

5 配制、喷洒固化剂稀释液

方法和要求参见第6.2.6条第7款。

6 初步拌和

初步拌和是使固化剂稀释液和土充分混合;初步拌和2遍后开始铺撒水泥,拌和方法参见第6.2.6条第6款。

7 铺水泥

1)计算出每袋水泥可铺的面积,按土层上标划出的段落或格线摆放水泥。

2)应将水泥当日直接送到摊铺路段,卸在做标记的部位,并检查有无遗漏和多余。水泥运输车应有防雨设备。

3)用刮板将水泥均匀摊铺开,注意每袋水泥的摊铺面积应相等。摊铺后,表面应无空白处,也无水泥过分集中的部位。

8 再次拌和

铺撒水泥完毕,进行再拌和2~3遍。

拌和要求同第6.2.6条第8款。

9 整形

方法和要求同第6.2.6条第9款。

6.2.8 水泥石灰复合稳定土层铺路拌法施工宜符合下列规定:

1 水泥石灰复合稳定土层铺路拌法施工工艺流程按图6.2.8的顺序进行。

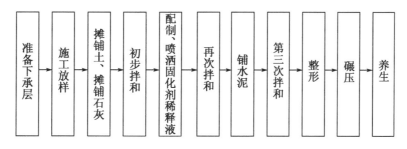

图6.2.8 水泥石灰复合稳定土层铺路拌法施工工艺流程图

2 水泥石灰复合稳定土层铺路拌法具体施工方法和要求,结合第6.2.6条和第6.2.7条相关内容实施。

6.2.9 粉煤灰复合稳定土层铺路拌法施工,可参照本标准第6.2.6条石灰复合稳定土层铺路拌法施工的工艺流程进行。

6.3 集中厂拌法施工工艺

6.3.1 复合稳定土基层、底基层集中厂拌法施工是在专设的拌和场地,对复合稳定土混合料使用适合的稳定土拌和机械集中拌和。

6.3.2 在高速公路、一级公路、城市快速路、城市主干路和港区道路上进行复合稳定土施工,应采用稳定土摊铺机摊铺;二级及二级以下公路、城市次干路及支路、厂矿道路、林区道路和水利道路等也可使用平地机等进行摊铺。

6.3.3 集中厂拌法施工工艺流程按图6.3.3的顺序进行。

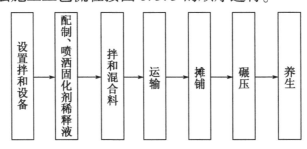

图6.3.3 集中厂拌法施工工艺流程图

6.3.4 摊铺混合料之前,应按规定准备下承层和施工放样,具体方法和要求参照第6.2.6条第2款和第3款进行。

6.3.5 设置拌和设备应符合下列规定:

1 选择适应工程规模的拌和设备,其技术性能和额定产量应满足质量、进度的要求,以保证拌和、摊铺效率。

2 厂拌机械包括拌和主机,土、水泥、石灰和固化剂稀释液(或原液)的配给系统,皮带、螺旋输送系统,计量控制、混合料储存设备等全部配套完备的机组。

3 各种配料计量系统应经常测试检定,保持配料准确稳定;皮带给料机应安装调试准确,作业中应经常检查,发生偏差应立即停机调正。

6.3.6 根据目标配合比确定的各档材料比例,对拌和设备进行调试和标定,确定合理的生产参数,内容包括:

1 料斗称量精度的标定、结合料剂量的标定,拌和加水量的控制等。

2 通过试生产,验证生产级配,指导调整施工参数。

3 在试生产试验的基础上,按不同固化剂和结合料的剂量、含水率进行混合料试拌,并取样和试验,以确定施工中各项有关的指标和参数。

6.3.7 配制、喷洒固化剂稀释液或原液应符合下列规定:

1 配制、喷洒固化剂稀释液

1)配制固化剂稀释液,要求和方法见第6.2.6条第7款有关内容。

2)在混合料搅拌过程中,向拌缸中喷入固化剂稀释液。

2 喷洒固化剂原液

1)在拌和过程中,向拌和机传送带的混合料上雾喷固化剂原液。

2)计算最佳含水率,需要时,在拌缸中补水。

6.3.8 拌和混合料应符合下列规定:

1 对于复合稳定土混合料,应根据理论配合比确定施工配合比。

2 通过对拌和现场混合料的实际含水率的测定,确定固化剂稀释液的浓度和拌缸中水的喷入量。

3 料斗(仓)下料开口大小应合理,下料应连续均匀,不得出现堵塞现象。

4 拌缸中混合料如出现拌和不均匀,应及时查找原因,并采取相应的技术措施,如调减给料量、检修电机或调整电机转速、更换浆叶等。

6.3.9 运输应符合下列规定：

1 应根据工程量的大小和运距的远近,配备必要数量的运料车。

2 环境气温高时或阴雨天应加以苫盖,以防止混合料中的含水率变化。

3 混合料应及时运送至施工路段。

6.3.10 摊铺应符合下列规定：

1 摊铺机应具有可调厚度、找平装置、可调宽度和初步压实功能。

2 混合料的松铺厚度应由试验路实测确定,然后调整。

3 摊铺时应挂线控制,同时跟踪检测,做到厚度、平整度、高程、拱度横坡及宽度同时达到标准的要求,如不符合应立即处理,重新压实;不应用人工反复修整。

4 分幅铺筑或分层铺筑时,均宜一次成型。分幅摊铺时,两台摊铺机平行作业,所铺宽度基本相当,重叠宽度 200~250mm;相距 5~20m 同步向前铺进,两幅同步碾压。分两层铺筑时,下层铺筑碾压密实,经初检合格后,应立即刮毛铺筑上层;如下层表面干燥,应洒水湿润后再铺筑。

5 使用平地机进行摊铺时,铺前应根据铺筑层的松铺厚度和要求达到的压实度,计算出每车混合料的可摊铺面积,料堆分成两行或一行卸在标划出段落或格线的下承层上;摊铺推运宽度 7m 左右,长度不宜大于 10m。

6 在摊铺后、碾压前,应对低洼和高凸等部位进行整平处理。低洼处要采取挖除、补填新料的办法,重新拌和整平,应做到宁刮勿补。

7 摊铺机械每天作业完毕,应认真清洗和保养,尤其和混合料接触的部件,都应保持干净。

6.4 碾压工艺

6.4.1 应根据公路等级、压实度要求、碾压层厚度、工程量大小、工程进度计划以及混合料颗粒组成、施工现场条件等,选择合适的压实机具,并根据铺筑的试验段确定碾压工艺。

6.4.2 整形完成后,应立即用轻型压路机并配合 12t 以上压路机在结构层全宽范围内进行碾压。在直线和不设超高的曲线段,由两侧路肩向路中心碾压;在设超高的曲线段,由内侧路肩向外侧路肩进行碾压。碾压时,应重叠 1/2 轮宽,后轮必须超过两段的接缝处。后轮压完路面全宽时,即为一遍,宜碾压 6~8 遍。压路机的碾压速度,前两遍宜采用 1.5~1.7km/h,以后宜采用 2.0~2.5km/h。

6.4.3 压路机压力宜先轻后重；振动压实振幅宜先小后大；碾压行驶速度应先慢后快；运行顺序宜由低侧到高侧。

6.4.4 宜采用重型压路机，以达到最佳的压实效果。当采用 12～15t 三轮压路机碾压时，每层的压实厚度不应超过 150mm；当采用 18～20t 三轮压路机和振动压路机碾压时，每层的压实厚度不应超过 200mm；当采用振动羊足碾与三轮压路机配合碾压时，每层的压实厚度可以根据试验适当增加。当压实厚度过大超过上述规定时，应采用分层铺筑、分层碾压的方法。下层压实达到要求后，及时铺筑上层并压实，两层碾压间隔时间不宜过长。每层的最小压实厚度为 100mm，下层宜稍厚。

条文说明

影响复合稳定土强度的主要因素除了材料、配合比及养生条件外，压实度也是重要因素，而且对复合稳定土的强度影响很大。采用同种材料、同种配合比，在相同条件下对压实度不同的复合稳定土试件进行无侧限抗压强度试验，测试结果见表 6-1 和图 6-1。显然，随着压实度的提高，复合稳定土的强度会明显提高，尤其是在压实度达到 95% 以上时，28d 抗压强度提高的幅度更大。另外，由于复合稳定土易于压实，因此，通过提高压实度来提高复合稳定土的强度是可行的。

表 6-1　不同压实度的复合稳定土无侧限抗压强度试验结果

材料配合比		压实度（%）	7d 无侧限抗压强度（MPa）	28d 无侧限抗压强度（MPa）
石灰：土	固化剂剂量（%）			
6：94	0.020	90	0.90	1.34
		93	1.06	1.64
		95	1.18	1.80
		98	1.32	2.50

注：土为吉林前郭县腰围子土场低液限黏土，I_p = 13.2；石灰为吉林双阳产Ⅲ级消石灰。

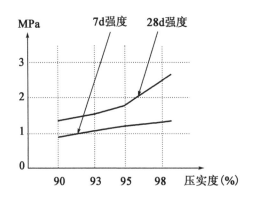

图 6-1　复合稳定土压实度与抗压强度关系图

6.4.5 石灰复合稳定土和粉煤灰复合稳定土结构层宜在当天一次性碾压完成，最长不应超过 4d。水泥复合稳定土和水泥石灰复合稳定土路拌法施工时，应采用流水作业法，严密组织,尽可能缩短从铺水泥拌和到碾压终了的延迟时间,此时间不应超过 3~4h,并应短于水泥的终凝时间。采用集中厂拌法施工时,延迟时间不应超过 2h。具体延迟时间由试验(路)确定。

条文说明

从加水泥拌和到碾压结束的延迟时间对水泥复合稳定土和水泥石灰复合稳定土混合料的强度和所能达到的干密度有明显的影响。实践表明,延迟时间愈长,混合料强度和干密度的损失愈大。

6.4.6 两次施工的接缝处应充分压实,摊铺前应将前次碾压的端部垂直挖除再衔接。

6.4.7 应将室内重型击实试验法确定的干密度作为压实度评价的标准密度。

6.4.8 复合稳定土基层的压实标准应符合表 6.4.8 的规定。

表 6.4.8 复合稳定土基层压实标准(%)

公 路 等 级		水泥稳定材料	石灰稳定材料
二级及二级以下公路	稳定细粒土	≥95	≥95
	稳定中、粗粒土	≥97	≥97

6.4.9 复合稳定土底基层的压实标准应符合表 6.4.9 的规定。

表 6.4.9 复合稳定土底基层压实标准(%)

公 路 等 级		水泥稳定材料	石灰稳定材料
高速公路和一级公路	稳定细粒土	≥95	≥95
	稳定中、粗粒土	≥97	≥97
二级及二级以下公路	稳定细粒土	≥93	≥93
	稳定中、粗粒土	≥95	≥95

6.4.10 高速公路、一级公路、城市快速路、城市主干路和港区道路在极重、特重交通荷载等级下,底基层的压实标准可提高 1~2 个百分点。

6.4.11 粉煤灰复合稳定土路基压实标准应符合表 6.4.11 的规定。

6.4.12 压实后应表面平整、无轮迹或隆起,且断面整齐,路拱符合要求。严禁压路机在已完成的或正在碾压的路段上掉头和紧急制动,以保证结构层表面不受破坏。碾压后应立即检测,若压实度不合格,应及时补压,直至合格为止。

表 6.4.11 粉煤灰复合稳定土路基压实度标准

路基部位	路床顶面以下深度(m)	压实度（%）	
		二级及二级以上公路	其他等级公路
上路床	0~0.30	≥95	≥93
下路床	0.30~1.20	≥93	≥90

注：1. 表列压实度以现行《公路土工试验规程》(JTG E40)重型击实试验法为准。
2. 特别干旱或潮湿地区的压实度标准可减低1~2个百分点。
3. 包边土和顶面封层压实度应符合现行《公路路基施工技术规范》(JTG F10)中土质路基压实度标准的规定。
4. 三、四级公路及其他道路铺筑沥青混凝土路面或水泥混凝土路面时，压实度应采用二级公路的规定值。

6.4.13 气温高、风力大、混合料失水过快时应及时补水。

6.5 养生

6.5.1 复合稳定土基层、底基层碾压完成后，应立即进行养生，养生期不得少于7d。

6.5.2 复合稳定土的养生应选择适当的养生方式，养生期间应保持一定的湿度，不应过湿或忽干忽湿。宜采用塑料薄膜覆盖养生，覆盖塑料薄膜前应先洒水湿润；可裸露洒水养生，每次洒水量以表面湿润为宜，洒水间隔时间白天2~4h一次，夜间3~6h一次。

6.5.3 连续5天平均气温在10℃以下时，复合稳定土材料基层、底基层宜少量或停止洒水养生，应采用塑料薄膜覆盖并在薄膜上覆盖厚度不小于150mm的素土，至连续5天平均气温达到10℃以上时方可清除。

条文说明
秋季低温期铺筑的复合稳定土基层，应做好防护措施，如不失水、不反复冻融，经过越冬的基层到春季强度仍然继续增长，不会受到影响。

6.5.4 复合稳定土基层、底基层养生期内，应封闭交通，控制车辆通行。

7 施工质量检测与检查

7.1 一般规定

7.1.1 道路复合稳定土施工,应建立健全质量管理和质量检查与验收制度。

7.1.2 基层、底基层和路基施工的质量标准与控制的内容包括原材料检验、施工参数确定、施工过程中的质量检查验收等工作。

7.1.3 在施工过程中,必须建立工地试验室和试验制度,应配备有相关试验资质的操作人员,同时明确每个质量控制环节上的责任人。试验室的各项试验数据必须真实、可靠、完整。

7.1.4 施工过程中发现质量缺陷时,应加大检测频率;必要时应停止施工以避免缺陷扩大,同时查找原因并进行处理。

7.1.5 各个工序完工后,应检查和验收;合格后,方可进行下一个工序。凡经检验不合格的部分,必须进行整改重做。

7.1.6 施工结束后,应清理杂物、整理现场,按规定复耕或绿化。

7.2 铺筑试验路

7.2.1 复合稳定土基层、底基层和路基在正式开工之前,宜铺设不少于200m长的试验路段,验证混合料配合比设计,确定混合料拌和、摊铺及碾压等施工工艺的合理性和可行性,并检验各项质量指标所达到的水平。

7.2.2 通过试验路段验证室内复合稳定土混合料配合比设计中的各种材料比例是否适应工艺要求,并根据需要加以调整。

条文说明
　　试拌试铺时,对混合料的各种材料的比例应严格按设计控制,以便检验工艺的可行性，或调整配合比来适应工艺要求。

7.2.3 通过混合料试拌，确定所用拌和机具和拌和方法，准确控制固化剂以及结合料、土的使用数量及其含水率，以保证拌和的均匀性。

条文说明
试拌中，应注重机具性能的发挥和参数的正确选取，尤其是材料称量的准确性、用水量及拌和的均匀性。

7.2.4 通过试铺对摊铺机具技术性能加以验证，复核并确定松铺系数、铺筑厚度、宽度、长度及相关机械参数。

7.2.5 通过碾压试验，对压路机械性能、参数取用，碾压方法及压实效果、效率做出评价，并根据实际情况加以改进。

条文说明
不同土质、不同配合比的混合料碾压效果不同，需要通过试铺碾压确定。

7.2.6 对水泥复合稳定土基层、底基层采用路拌法施工时，应通过严密组织拌和、喷洒固化剂稀释液、整形、碾压等工序来缩短延迟时间，并规定允许的拌和时间。

7.2.7 试验段完成后，应对复合稳定土混合料技术指标及所铺基层、底基层和路基质量进行全面检验评定。

7.2.8 试验段完成后，应写出试验报告，确定选用的施工配合比，确定使用机械的性能、参数及台数，并制定切实可行的施工方法和操作要求。

7.2.9 将试验段确定的施工参数等项目作为施工过程中质量要求和控制的标准。

7.3 施工过程检测

7.3.1 道路复合稳定土在施工中，必须设专职人员跟踪记录和检测，并做到项目的数据齐全、完整，真实可信。

7.3.2 道路复合稳定土各层铺筑后，均应按本标准要求检查验收；经审查批准后，方可进行上一层次铺筑。对强度等指标达不到规定值的基层、底基层，应查出原因，加以处理。凡经检验不符合本标准质量标准要求的，必须采取相应的措施，最终都要达到要求。

7.3.3 道路复合稳定土质量检测项目包括:所用材料标准试验及施工检测;混合料配合比试验及施工均匀性检测,技术指标检测验证;试铺路段技术指标全面检测及施工中质量控制和检查验收。

7.3.4 道路复合稳定土开工前及施工过程中,应对拟采用的材料按表7.3.4要求的频度进行试验。

表7.3.4 复合稳定土施工材料试验项目和要求

材料名称	试验项目	目的	频度	试验方法
石灰	含水率	确定原始含水率	每天使用前测2个样品	T 0801/T 0803
	有效钙、镁含量	确定石灰质量	做材料组成设计和生产使用时分别测2个样品,以后每月测2个样品	T 0811/T 0812/T 0813
	残渣含量	确定石灰质量	做材料组成设计和生产使用时分别测2个样品,以后每月测2个样品	T 0815
水泥	强度等级和初、终凝时间	确定水泥的质量是否适宜应用	做材料组成设计时测1个样品,料源或强度等级变化时重测(每批次)	T 0505/T 0506
粉煤灰	含水率	确定原始含水率	每天使用前测2个样品	T 0801/T 0803
	烧失量	确定粉煤灰是否适用	做材料组成设计前测2个样品	T 0817
	细度	确定粉煤灰质量	做材料组成设计前测2个样品	T 0818
	SiO_2、Al_2O_3、Fe_2O_3含量	确定粉煤灰质量	做材料组成设计前测2个样品	T 0816
土	含水率	确定原始含水率	每天使用前测2个样品	T 0801/T 0803
	液限、塑限	求塑性指数,审定是否符合规定	每种土使用前测2个样品,使用过程中每2 000 m³测2个样品	T 0118/T 0119
	颗粒分析	确定级配是否符合要求,确定材料配合比	每种土使用前测2个样品,使用过程中每2 000 m³测2个样品	T 0115
	有机质和硫酸盐含量	确定土是否适宜于用石灰或水泥稳定	对土有怀疑时做此试验	T 0151/T 0153
固化剂	pH值	确定固化剂是否适用	固化剂进场,1次/10t;配合比设计,1次/每个料源	本标准3.3.1条;附录A
	溶解性	确定固化剂是否适用	固化剂进场,1次/10t;配合比设计,1次/每个料源	本标准3.3.1条;附录A
	密度	确定固化剂是否适用	固化剂进场,1次/10t;配合比设计,1次/每个料源	本标准3.3.1条;附录A

续上表

材料名称	试验项目	目的	频度	试验方法
固化剂	固形物含量	确定固化剂是否适用	固化剂进场,1次/10t;配合比设计,1次/每个料源	本标准:3.3.1条;附录A
	总酸(碱)度	确定固化剂是否适用	固化剂进场,1次/10t;配合比设计,1次/每个料源	本标准:3.3.1条;附录A

7.3.5 复合稳定土施工过程中基层、底基层外形尺寸检查项目、频度和质量标准应符合表7.3.5的规定。

表7.3.5 复合稳定土施工过程中基层、底基层外形尺寸检查项目和质量标准

基层类别	检查项目		频度	质量标准	
				高速公路和一级公路	二级及二级以下公路
基层	纵断高程(mm)		二级及二级以下公路每20m 1点;高速公路和一级公路每20m 1个断面,每个断面3~5点	+5~-10	+5~-15
	厚度(mm)	均值	每1 500~2 000m² 6点	≥-8	≥-10
		单个值		≥-10	≥-20
	宽度(mm)		每40m 1处	>0	>0
	横坡度(%)		每100m 3处	±0.3	±0.5
	平整度(mm)		每200m 2处,每处连续10尺(3m直尺)	≤8	≤12
			连续式平整度仪的标准差(mm)	≤3.0	—
底基层	纵断高程(mm)		二级及二级以下公路每20m 1点;高速公路和一级公路每20m 1个断面,每个断面3~5点	+5~-15	+5~-20
	厚度(mm)	均值	每1 500~2 000m² 6点	≥-10	≥-12
		单个值		≥-25	≥-30
	宽度(mm)		每40m 1处	>0	>0
	横坡度(%)		每100m 3处	±0.3	±0.5
	平整度(mm)		每200m 2处,每处连续10尺(3m直尺)	≤12	≤15

7.3.6 复合稳定土施工过程中路基外形尺寸检查项目、频度和质量标准应符合表7.3.6的规定。

表 7.3.6 复合稳定土施工过程中路基外形尺寸检查项目和质量标准

项次	检查项目	规定值或允许偏差		检查方法和频率	权值
		高速公路和一级公路	其他公路		
1	纵断高程(mm)	+10，-15	+10，-20	水准仪：每200m测4个断面	2
2	中线偏位(mm)	50	100	经纬仪：每200m测4点，弯道加HY、YH两点	2
3	宽度(mm)	符合设计要求		米尺：每200m测4处	2
4	平整度(mm)	15	20	3m直尺：每200m测2处×10尺	2
5	横坡度(%)	±0.3	±0.5	水准仪：每200m测4个断面	1
6	边坡	符合设计要求		尺量：每200m测4处	1

7.3.7 复合稳定土施工过程中后场质量控制的项目和内容应符合表7.3.7的规定，实际检测频率应不低于表中的要求，检测结果应满足本标准或具体工程的技术要求。

表 7.3.7 复合稳定土施工过程中后场质量控制的关键项目

项次	内容	频度
1	结合料质量	每批次
2	结合料剂量	每2 000m² 1次
3	混合料最大干密度	每个工日
4	含水率	每2 000m² 1次

7.3.8 复合稳定土施工前场质量控制的项目及内容应符合表7.3.8的规定，实际检测频率应不低于表中的要求，检测结果应满足本标准或具体工程的技术要求。

表 7.3.8 复合稳定土施工过程中前场质量控制的关键项目

项次	项目	内容	频度
1	摊铺目测	是否离析	随时
		粗估含水率状态	随时
2	碾压目测	压实机械是否满足	随时
		碾压组合、次数是否合理	随时
3	压实度检测	含水率	每一作业段检查6次以上
		压实度	每一作业段检查6次以上
4	强度检测	在前场取样成型试件	每一作业段不少于9个
5	钻芯检测	—	每一作业段不少于9个
6	弯沉检测	—	每一评定段(不超过1km)每车道40~50个测点
7	承载比	—	每2 000m² 1次，异常时，随时增加试验

7.3.9 复合稳定土基层、底基层铺筑养生后,应钻取芯样检验其整体性。钻取芯样时,应符合下列规定:
1 细粒土宜选用直径100mm的钻头,中、粗粒土应选用直径150mm的钻头。
2 钻孔时钻机应放平、垂直并稳定,高速钻进。
3 采取随机取样的方式,不得在现场人为挑选取样位置。
4 芯样顶面、四周应均匀、致密。
5 芯样的高度应不小于实际摊铺厚度的90%。
6 取不出完整芯样时,应找出实际路段相应的范围,返工处理。

7.3.10 复合稳定土应在下列规定的龄期取芯:
1 基层、底基层水泥复合稳定土为10~14d。
2 基层、底基层石灰复合稳定土为20~28d。
3 基层水泥复合稳定土中、粗粒土为7d。

7.4 质量检查

7.4.1 道路复合稳定土完工后,达到养生龄期或上一层次铺筑前必须进行全面检查,检查内容包括完工后的外形尺寸和质量两方面。

7.4.2 评定路面结构层质量时,宜以1km长的路段为评定单位,或以每天完成的段落为单位。

7.4.3 应检查施工过程中的原始记录,对检查结果作初步评定。

7.4.4 外形尺寸检查的要求应符合表7.3.5和表7.3.6的规定,质量应符合表7.4.4的规定。

表7.4.4 复合稳定土完工后质量合格标准值

工程类别	检查项目	检查数量	标准值	极限低值
水泥、石灰和粉煤灰稳定材料	压实度	6~10处	基层:符合表6.4.8的要求 底基层:符合表6.4.9的要求 路基:符合表6.4.11的要求	标准值-4%
	弯沉值	每车道40~50个测点	按现行《公路路面基层 施工技术细则》(JTG/T F20)附录C所得的弯沉标准值	—

续上表

工程类别	检查项目	检查数量	标准值	极限低值
水泥、石灰和粉煤灰稳定材料	结合料剂量	3~6处	设计值	水泥:设计值-1.0% 石灰:设计值-1.0% 粉煤灰:设计值-1.0%
	固化剂剂量	随时检查	设计值	设计值-0.001%

注:以每天完成段落为评定单位时,检查数量可取低值;以1km为评定单位时,检查数量应取高值。

附录 A 土质固化剂技术指标检验方法

A.1 适用范围

本试验方法适用于电离子溶液类土质固化剂。

A.2 仪器与试剂

A.2.1 仪器

1 烘箱:0~300℃,1 台。
2 分析天平:量程不小于50g,感量0.0001g,1 台。
3 SX2-5-12 型箱式电阻炉:1 台。
4 烧杯:100mL,5 个。
5 滴定管:碱性50mL,1 支;酸性50 mL,1 支。
6 三角烧瓶:100mL,6 个;250mL,6 个。
7 容量瓶:1 000mL,2 个。
8 称量瓶:ϕ50 mm×30 mm,1 个。
9 移液管:25 mL,1 支。

A.2.2 试剂

1 基准试剂:无水碳酸钠(Na_2CO_3),1 瓶。
2 分析纯:盐酸(HCl),1 瓶。
3 分析纯:氢氧化钠(NaOH),1 瓶。
4 酚酞指示剂(0.1%):1 瓶。
5 蒸馏水。
6 甲基红-次甲基蓝混合液指示剂(0.2%):1 瓶。
7 甲基橙指示剂(0.05%):1 瓶。

A.3 标准溶液的配制和标定

A.3.1 盐酸(HCl)标准溶液的配制和标定

1 配制方法

盐酸(HCl)标准溶液0.2mol/L的配制:量取分析纯浓盐酸(HCl)18mL,注入1 000mL水中,摇匀待标。

2 标定方法

在分析天平上,分别称取三份已在 270~300℃ 灼烧至恒重的基准无水碳酸钠 0.2~0.25g,称准至 0.0001g;分别置于 250mL 的三角烧瓶中,加入已驱赶 CO_2 的蒸馏水 50mL,摇匀溶解;加 2~3 滴甲基橙指示液,用配制好的盐酸溶液滴定至溶液由黄色变为橙色,煮沸 2min,冷却后继续滴定至溶液再呈橙色,同时做空白试验。计算盐酸(HCl)溶液的浓度,见式(A.3.1):

$$C_{HCl} = \frac{m}{(V-V_0) \times \frac{M_{(1/2Na_2CO_3)}}{1\,000}} \quad (A.3.1)$$

式中: m——Na_2CO_3 的质量(g);

V——HCl 溶液的用量(mL);

V_0——空白试验 HCL 溶液的用量(mL);

$M_{(1/2Na_2CO_3)}$——以($1/2Na_2CO_3$)为基本单元的摩尔质量(52.99g/mol)。

A.3.2 氢氧化钠(NaOH)标准溶液的配制和标定

1 配制方法

称取 10g 分析纯 NaOH,溶于 100mL 无二氧化碳的水中,摇匀,注入聚乙烯容器中,密闭放置至溶液清亮。用塑料管量取上层清液,用无二氧化碳的水稀释至 1 000mL,摇匀。

2 标定方法

用 25mL 移液管吸取上述配好的溶液,移至三角烧瓶中,用新鲜配制的已知浓度盐酸(HCl)标准溶液来滴定,用酚酞作指示剂滴定至溶液无色为终点,见式(A.3.2):

$$C_{NaOH} = \frac{C_{HCl} \cdot V_{HCl}}{V_{NaOH}} \quad (A.3.2)$$

式中:C_{HCl}——HCl 溶液的浓度(mol/L);

V_{HCl}——HCl 溶液的用量(mL);

V_{NaOH}——NaOH 溶液的用量(mL)。

取三次试验结果的平均值为准。

A.4 固形物含量测定

A.4.1 准确称取 3~6g(准确至 0.000 1g)土质固化剂,置于 100mL 已称重的烧杯中,连同烧杯放入已恒温至 105℃ 的烘箱中,烘干至恒重后称重。计算固形物百分比量,见式(A.4.1):

$$固形物(\%) = \frac{m_1 - m_0}{m - m_0} \times 100 \quad (A.4.1)$$

式中：m_0——烧杯质量；
   　m——烘前样重 + 烧杯质量；
   　m_1——烘后样重 + 烧杯质量。

A.5 总碱度测定

A.5.1 准确称取碱性土质固化剂样品 0.3~0.5g（准确至 0.0001g），置于 250mL 三角烧瓶中，加蒸馏水约 50mL，以甲基红—次甲基蓝混合指示剂，用 0.2mol 的标准盐酸（HCl）溶液滴定，滴定至溶液由绿色变成酒红色为终点，记下所消耗 HCl 的毫升数。计算样品的总碱度（样品的总碱度以消耗的 HCl 质量计）：

$$样品总碱度（HCl，g/100g）= \frac{M \times V}{m} \times \frac{36.5}{1\,000} \times 100 \quad (A.5.1)$$

式中：M——HCl 标准溶液的摩尔浓度（mol/L）；
   　V——消耗 HCl 标准溶液的毫升数（mL）；
   　m——称取样品的质量（g）。

A.6 总酸度测定

A.6.1 准确称取酸性土质固化剂样品 0.3~0.5g（准确至 0.0001g），置于 250mL 三角烧瓶中，加蒸馏水约 50mL，以酚酞为指示剂，用 0.5mol 的标准氢氧化钠（NaOH）溶液滴定，滴定至溶液由淡黄色变成红色为终点，记下所消耗 NaOH 的毫升数。计算样品的总酸度（样品的总酸度以消耗 NaOH 的质量计）：

$$样品总酸度（NaOH，g/100g）= \frac{M \times V}{m} \times \frac{40}{1\,000} \times 100 \quad (A.6.1)$$

式中：M——NaOH 标准溶液的摩尔浓度（mol/L）；
   　V——消耗 NaOH 标准溶液的毫升数（mL）；
   　m——称取样品的质量（g）。

A.7 pH 值的测定

A.7.1 用 pH 广泛试纸测定。

A.8 溶解性的测定

A.8.1 按现行《液体有机化工产品水混溶性试验》（GB/T 6324.1）规定测定。

A.9 密度的测定

A.9.1 电离子溶液类土质固化剂密度的测定,按现行《原油和液体石油产品密度实验室测定法(密度计法)》(GB/T 1884)规定进行。

附录 B 复合稳定土基层、底基层材料设计参数

表 B 复合稳定土基层、底基层材料设计参数

复合稳定土类别		配合比	抗压回弹模量 E（MPa）（弯沉计算用）	抗压回弹模量 E（MPa）（拉应力计算用）	劈裂强度 σ（MPa）
水泥复合稳定土	基层	水泥:3.0%~8.0% 固化剂:0.015%~0.030%	1 000~1 300	2 500~3 200	0.35~0.50
	底基层	水泥:3.0%~6.0% 固化剂:0.010%~0.025%			
石灰复合稳定土	基层	石灰:4.0%~10.0% 固化剂:0.015%~0.030%	700~1 000	2 400~3 000	0.30~0.40
	底基层	石灰:4.0%~8.0% 固化剂:0.010%~0.025%			
水泥石灰复合稳定土	基层	水泥:1.0%~8.0%； 石灰:3.0%~10.0% 固化剂:0.015%~0.030%	1 000~1 300	2 600~3 500	0.40~0.55
	底基层	水泥:1.0%~8.0%； 石灰:3.0%~10.0% 固化剂:0.010%~0.025%			

注：1. 结合料用量高、材料性能好、级配好或压实度大时取高值，反之取低值。
2. 抗压回弹模量和劈裂强度的养生龄期：水泥复合稳定土为90d，石灰复合稳定土为180d。

附件1 复合稳定土技术路用指标试验检测数据

1 复合稳定土抗压强度

试验数据表明,复合稳定土各龄期的无侧限抗压强度均强于相同材料、相同配合比的常规混合料(即下列各表中固化剂剂量为0的材料)。

1)水泥复合稳定土无侧限抗压强度试验结果见表1。

表1 水泥复合稳定土无侧限抗压强度试验结果

材料配合比		7d 无侧限抗压强度(MPa)	28d 无侧限抗压强度(MPa)	90d 无侧限抗压强度(MPa)
水泥:土	固化剂剂量(%)			
粉质土				
8:92	0	2.90	3.0	4.60
8:92	0.015	3.10	4.70	6.80
8:92	0.020	3.30	5.10	8.0
8:92	0.025	3.52	5.20	8.30
6:94	0	2.30	2.70	3.90
6:94	0.015	2.60	4.40	6.20
6:94	0.020	2.80	4.70	7.80
6:94	0.025	2.80	4.50	8.10
4:96	0	1.40	1.82	2.80
4:96	0.015	1.54	2.20	5.0
4:96	0.020	1.90	2.80	5.80
4:96	0.025	2.0	2.70	5.60
黏质砂土				
8:92	0	1.10	—	—
8:92	0.015	1.56	—	—
8:92	0.020	2.0	—	—
8:92	0.025	2.5	—	—
6:94	0	1.00	—	—
6:94	0.015	1.42	—	—
6:94	0.020	1.80	2.9	—
6:94	0.025	2.1	—	—
4:96	0	0.82	—	—
4:96	0.015	1.10	—	—
4:96	0.020	1.54	—	—
4:96	0.025	1.90	—	—

2）石灰复合稳定土无侧限抗压强度试验结果见表2。

表2　石灰复合稳定土无侧限抗压强度试验结果

材料配合比		7d无侧限抗压强度(MPa)	28d无侧限抗压强度(MPa)	90d无侧限抗压强度(MPa)
石灰:土	固化剂剂量(%)			
粉质土	4:96	0	0.60	0.84	1.08
		0.015	1.02	2.0	2.5
		0.02	1.16	2.3	2.7
		0.025	1.08	1.90	2.4
	6:94	0	0.74	0.94	1.12
		0.015	1.14	2.2	2.6
		0.02	1.26	2.4	2.9
		0.025	1.20	1.96	2.7
	8:92	0	0.82	1.06	1.32
		0.015	1.18	2.3	2.7
		0.02	1.30	2.6	3.1
		0.025	1.34	2.5	2.7
	12:88	0	0.88	1.18	1.44
黏质土	4:96	0	—	—	—
		0.015	2.0	2.0	6.1
		0.02	1.71	2.6	4.0
		0.025	2.0	2.8	3.5
	6:94	0	0.86	1.24	2.8
		0.015	1.76	2.2	3.6
		0.02	2.44	3.1	6.9
		0.025	1.73	2.2	3.9
	8:92	0	—	—	—
		0.015	1.87	2.7	7.0
		0.02	1.14	1.6	3.5
		0.025	1.1	1.58	3.4
	12:88	0	1.12	1.48	3.0
碱土	4:96	0	—	—	—
		0.015	0.988	1.78	2.1
		0.02	0.91	1.68	2.1
		0.025	0.988	1.62	2.3
	6:94	0	—	—	—
		0.015	0.8	1.62	2.2
		0.02	0.957	1.12	2.1
		0.025	0.957	1.48	2.7

3）水泥石灰复合稳定土无侧限抗压强度试验结果见表3。

表3　水泥石灰复合稳定土无侧限抗压强度试验结果

材料配合比		7d无侧限抗压强度（MPa）	28d无侧限抗压强度（MPa）	90d无侧限抗压强度（MPa）
水泥:石灰:土	固化剂剂量（%）			
粉质土 4:6:90	0.025	2.5	4.1	4.5
粉质土 5:5:90	0.025	2.7	4.4	5.1
粉质土 6:4:90	0.020	3.9	5.0	5.9
粉质土 5:3:92	0.020	3.5	4.4	5.3

2　复合稳定土路面基层钻件（芯样）的抗压强度和完整性

复合稳定土路面基层现场钻取芯样在试验路上进行。试验路的基本情况如下：

1）天—身线试验段：乾安县农村公路天字井—身字井线（四级路）让字段（K0+800~K1+815.9）于2001年7月竣工。路面宽5m，路面基层结构为石灰类复合稳定土（粉质土和黏质土），基层（单层）180mm厚；沥青混凝土面层30mm厚；设计初期交通量为300辆/d，测定时交通量达到1 000辆/d。

2）科—铁线试验段：省道一级路科尔沁右翼中旗—铁力线乾安过境段，路面宽24m，长1.2km。底基层和基层采用水泥类复合稳定土（粉质土），底基层150mm厚，基层250mm厚，沥青混凝土面层厚70mm，2004年10月竣工。设计初期交通量为3 000辆/d，测定时交通量6 000辆/d。

2008年4月对两条试验路钻取芯件，芯样显示完整；同时制成标准试件，经饱水后进行无侧限抗压强度试验，结果见表4。

表4　不同龄期复合稳定土路面基层试验路芯样无侧限抗压强度检测结果

序号	路线名称	取样地点	配合比	竣工时强度（MPa）	芯样强度（MPa）
1	天—身线	1K+772	（石灰:粉质土）+固化剂=（6:94）+0.015%	1.62	12.62
2	天—身线	1K+778	（石灰:粉质土）+固化剂=（6:94）+0.02%	1.41	22.68
3	天—身线	1K+785	（石灰:黏质土）+固化剂=（6:94）+0.015%	1.76	17.30
4	天—身线	1K+792	（石灰:黏质土）+固化剂=（6:94）+0.02%	2.04	24.48
5	科—铁线乾安过境段	83K+800	（水泥:粉质土）+固化剂=（6:94）+0.03%	2.80	16.9
6	科—铁线乾安过境段	83K+850	（水泥:粉质土）+固化剂=（6:94）+0.03%	2.76	18.6
7	科—铁线乾安过境段	83K+900	（水泥:粉质土）+固化剂=（6:94）+0.03%	2.75	19.4

无机结合料稳定材料的特点是强度和刚度随龄期增长。复合稳定土在土质固化剂的作用下，改善了土的压实性状，提高了土的强度。从检测结果看，石灰类复合稳定土经过7年的荷载作用和自然环境下冻融、水侵蚀，仍然保持较高的强度；水泥类复合稳定土经过4年荷载作用后，强度仍然很高。因此，复合稳定土材料具有较高的后期增长强度，并

保持相对的稳定。

3 复合稳定土水稳定性

复合稳定土基层材料的水稳定性试验结果见表5。试验表明,稳定土掺加固化剂后水稳定性有所提高(表中固化剂剂量为0的为常规材料),同时,随着试件龄期的增长,水稳定性逐渐增强。另外,通过对室内试验的试件和试验路的芯样进行180d和1年的浸水观察,未发现散解现象,且强度损失较小。因此,复合稳定土具有较好的水稳定性。

表5 复合稳定土水稳定性试验结果

材料配合比		饱水抗压强度(MPa)			干抗压强度(MPa)			水稳定性系数		
结合料:土	固化剂剂量(%)	7d	28d	90d	7d	28d	90d	7d	28d	90d
石灰:土 = 4:96	0.02	1.16	2.3	2.7	1.46	2.6	3.0	0.79	0.88	0.90
石灰:土 = 6:94	0.02	1.26	2.4	2.9	1.54	2.7	3.2	0.82	0.89	0.91
	0	0.74	0.94	1.12	1.20	1.22	1.34	0.62	0.77	0.84
水泥:土 = 4:96	0.02	1.90	2.8	5.8	2.2	3.2	6.3	0.86	0.88	0.92
水泥:土 = 6:94	0.02	2.8	4.7	7.8	3.2	5.2	8.2	0.88	0.90	0.95
	0	2.3	2.7	3.9	2.8	3.1	4.3	0.82	0.87	0.91

注:水稳定性系数为饱水抗压强度与干抗压强度之比。

4 复合稳定土冻稳定性试验

《公路沥青路面设计规范》(JTG D50)规定,复合稳定土作为"稳定类型"为"细粒土"的稳定类材料,根据所处公路的交通荷载等级及其基层层位,可不做抗冻性能检验。材料的冻稳定性是耐久性能的重要组成部分,而复合稳定土作为一种基本的、常用的基层材料,有必要研究它的冻稳定性。表6是不同配合比的复合稳定土试件冻融循环试验结果。表7为常规材料二灰碎石、二灰土冻融循环试验情况,可作比较分析。

表6 复合稳定土冻融循环试验结果

材料配合比		冻融前抗压强度(MPa)		冻融后抗压强度(MPa)			耐冻指数		
结合料:土	固化剂剂量(%)	28d	90d	28d (5次)	90d (5次)	90d (10次)	28d (5次)	90d (5次)	90d (10次)
石灰:土 = 4:96	0.015	2.0	2.5	1.02	1.12	0.70	0.51	0.45	0.28
	0.02	2.3	2.7	1.30	1.30	0.70	0.56	0.48	0.26
	0.025	1.90	2.4	1.18	1.22	0.76	0.62	0.51	0.32
石灰:土 = 6:94	0.015	2.2	2.6	1.34	1.24	0.68	0.61	0.48	0.26
	0.02	2.4	2.9	1.54	1.68	0.86	0.64	0.58	0.30
	0.025	1.96	2.7	1.22	1.52	0.70	0.62	0.56	0.26
水泥:土 = 4:96	0.015	2.2	5.0	1.46	2.75	1.64	0.66	0.55	0.33
	0.02	2.8	5.8	2.10	3.71	2.05	0.75	0.64	0.35
	0.025	2.7	5.6	1.86	3.42	2.12	0.69	0.61	0.38

续上表

材料配合比		冻融前抗压强度（MPa）		冻融后抗压强度（MPa）			耐冻指数		
结合料:土	固化剂剂量(%)	28d	90d	28d (5次)	90d (5次)	90d (10次)	28d (5次)	90d (5次)	90d (10次)
水泥:土 = 6:94	0.015	4.4	6.2	3.16	3.72	2.42	0.72	0.60	0.39
	0.02	4.7	7.8	3.80	5.46	3.28	0.81	0.70	0.42
	0.025	4.5	8.1	3.60	6.08	3.32	0.80	0.75	0.41

注：耐冻指数为冻融后与冻融前抗压强度之比。

表7 二灰碎石、二灰土冻融循环试验结果

材料名称		抗压强度(MPa)		冻融抗压强度(MPa)		耐冻指数	
		28d	90d	28d (10次)	90d (10次)	28d (10次)	90d (10次)
二灰碎石 石灰:粉煤灰:碎石	5:15:80	1.86	3.72	0.57	1.97	0.30	0.52
	8:32:60	2.79	4.83	0.33	1.94	0.12	0.40
	10:40:50	—	4.66	—	1.84	—	0.39
二灰土 石灰:粉煤灰:土	8:45:47	—	0.93	—	0.48	—	0.52
	10:40:50	—	1.12	—	0.87	—	0.78
	12:45:43	—	2.21	—	1.29	—	0.58

5 复合稳定土抗收缩试验

1）复合稳定土抗收缩试验包括干缩试验结果比较、温度收缩试验结果比较和路面基层裂缝调查结果的比较。

复合稳定土和水泥土材料的干缩试验，由于水分挥发和混合料内部的水化作用，混合料的水分不断减少，由此发生的诸如毛细作用、吸附作用、分子间力的作用等会引起无机结合料稳定材料体积收缩。干缩试验是对比复合稳定土和常规半刚性基层材料水泥土不同混合料在不同含水状态下的收缩情况。复合稳定土基层和水泥土基层干缩试验结果见表8。

表8 复合稳定土和水泥土干缩试验结果对比

（石灰:土）+固化剂 = (6:94)+0.02% (最佳含水率 w=12.5%)		（水泥:土）+固化剂 = (8:92)+0.03% (最佳含水率 w=12.5%)		（水泥:土）+固化剂 = (6:94)+0.03% (最佳含水率 w=12.0%)		水泥:土=8:92 (最佳含水率 w=13.5%)		水泥:土=6:94 (最佳含水率 w=13.0%)	
线缩率（×10⁻⁶）	含水率（%）	线缩率（×10⁻⁶）	含水率（%）	线缩率（×10⁻⁶）	含水率（%）	线缩率（×10⁻⁶）	含水率（%）	线缩率（×10⁻⁶）	含水率（%）
0.01	10.33	0.01	9.47	0.01	9.69	0.06	10.47	0.08	10.13
0.02	9.66	0.02	8.79	0.02	8.93	0.11	9.68	0.10	9.28
0.05	9.43	0.03	8.57	0.03	8.65	0.11	9.41	0.11	9.00
0.02	8.99	0.04	8.08	0.04	8.10	0.13	8.80	0.12	8.41
0.09	8.06	0.05	7.07	0.06	6.96	0.17	7.61	0.14	7.32

续上表

(石灰:土)+固化剂=(6:94)+0.02% (最佳含水率w=12.5%)		(水泥:土)+固化剂=(8:92)+0.03% (最佳含水率w=12.5%)		(水泥:土)+固化剂=(6:94)+0.03% (最佳含水率w=12.0%)		水泥:土=8:92 (最佳含水率w=13.5%)		水泥:土=6:94 (最佳含水率w=13.0%)	
线缩率 ($\times 10^{-6}$)	含水率 (%)	线缩率 ($\times 10^{-6}$)	含水率 (%)	线缩率 ($\times 10^{-6}$)	含水率 (%)	线缩率 ($\times 10^{-6}$)	含水率 (%)	线缩率 ($\times 10^{-6}$)	含水率 (%)
0.22	7.04	0.08	6.20	0.11	6.05	0.17	6.58	0.17	6.39
0.25	5.99	0.09	5.54	0.13	5.32	0.19	5.81	0.19	5.63
0.29	5.04	0.12	5.03	0.15	4.79	0.22	5.27	0.21	4.19
0.20	3.36	0.14	4.21	0.18	3.96	0.24	4.37	0.24	4.16
0.30	2.59	0.16	3.66	0.20	3.44	0.26	3.81	0.26	3.60
0.30	1.93	0.18	3.02	0.22	2.97	0.28	3.35	0.30	3.14
0.29	1.50	0.19	2.81	0.23	2.59	0.29	2.94	0.31	2.74
0.29	1.20	0.21	2.52	0.23	2.31	0.30	2.62	0.32	2.43
0.29	0.97	0.22	2.22	0.24	2.04	0.31	2.37	0.33	2.20
0.29	0.74	0.23	2.00	0.24	1.79	0.32	2.10	0.34	1.93
0.29	0.59	0.24	1.85	0.24	1.59	0.33	1.87	0.34	1.70
0.29	0.49	0.25	1.61	0.25	1.41	0.33	1.66	0.35	1.54
0.29	0.36	0.25	1.44	0.25	1.31	0.33	1.50	0.35	1.36
0.29	0.31	0.26	1.27	0.25	1.18	0.34	1.36	0.35	1.22
0.29	0.29	0.26	1.15	0.25	1.06	0.34	1.24	0.35	1.16
0.29	0.24	0.27	0.99	0.25	0.89	0.34	1.07	0.35	0.96
0.29	0.24	0.27	0.91	0.25	0.83	0.35	0.96	0.36	0.85
—	—	0.28	0.78	0.25	0.68	0.35	0.83	0.36	0.74
—	—	0.28	0.70	0.25	0.62	0.35	0.74	0.36	0.63
—	—	0.29	0.56	0.25	0.45	0.35	0.63	0.37	0.54
—	—	0.29	0.51	0.25	0.40	0.36	0.54	0.37	0.48
—	—	0.29	0.41	0.25	0.33	0.36	0.44	0.37	0.38
—	—	0.29	0.36	0.25	0.27	0.36	0.36	0.37	0.32
—	—	0.29	0.30	0.25	0.21	0.36	0.27	0.37	0.25
—	—	0.29	0.28	0.25	0.18	0.36	0.21	0.37	0.25
—	—	0.29	0.28	0.25	0.18	0.36	0.19	0.37	0.25

2)复合稳定土材料的温度收缩试验

低温收缩试验是对比复合稳定土和常用半刚性基层材料不同混合料在各级负温度作用下的收缩状态,以评价复合稳定土基层材料的抗冻裂效果。复合稳定土混合料低温收缩试验结果见表9。几种常用的半刚性基层材料的低温收缩试验结果见表10。

表9 复合稳定土低温收缩试验结果

材料配合比		龄期(d)	温度收缩系数($\times 10^{-6}$)				
结合料:土	固化剂剂量(%)		0℃	-5℃	-10℃	-15℃	-20℃
石灰:粉质土=4:96	0.015	90	1.50	19.20	18.60	19.10	24.50
石灰:粉质土=6:94	0.015	90	1.60	30.30	23.80	28.90	31.60
石灰:粉质土=6:94	0.02	90	1.30	20.70	21.20	25.30	26.10
水泥:粉质土=4:96	0.015	90	1.40	21.20	24.10	27.50	32.90
水泥:粉质土=6:94	0.015	90	1.70	23.10	38.80	31.70	38.50
水泥:粉质土=6:94	0.02	90	1.20	22.50	27.20	28.00	33.60
石灰:黏质土=4:96	0.015	90	2.30	23.70	34.40	36.90	44.80
石灰:黏质土=6:94	0.015	90	2.00	21.50	29.00	—	54.40

表10 几种常用的半刚性基层材料低温收缩试验结果

混合料名称	材料配合比	龄期(d)	温度收缩系数($\times 10^{-6}$)				
			0℃	-5℃	-10℃	-15℃	-20℃
水泥稳定砂砾	5:95	90	9.54	10.36	10.99	11.37	11.61
二灰碎石	8:32:60	90	7.00	7.94	8.53	8.52	9.00
二灰碎石	10:40:50	90	14.88	14.59	14.47	16.01	16.12
二灰碎石	5:15:80	90	11.69	12.51	10.49	14.16	14.60
石灰土	8:92	90	—	41.75	51.20	63.83	64.00
石灰土	10:90	90	—	60.15	54.00	—	62.19
二灰土	8:45:47	90	6.94	40.62	53.33	48.88	45.00
二灰土	10:35:55	90	8.89	40.00	44.50	41.80	40.95
二灰土	10:45:45	90	4.16	5.62	23.33	34.02	35.71
二灰土	12:35:53	90	9.16	4.16	18.66	29.44	32.26

3)复合稳定土路面基层冻裂调查

天—身线复合稳定土路面基层冻裂情况调查结果见表11,复合稳定土与水泥稳定砂砾路面基层裂缝调查结果对比结果见表12。

表11 天—身线复合稳定土路面基层冻裂调查结果

土质名称	配合比(石灰:土)+固化剂	里程桩号	路段编号	横缝条数	平均间距(m)	10mm以上条数	最大宽度(mm)	开裂率(m/1 000m²)
粉质土	(4:96)+0.015%	K0+800~K0+900	01	11	9	3	19	110
粉质土	(6:94)+0.015%	K0+900~K1+000	02	11	9	7	18	110
粉质土	(6:94)+0.02%	K1+000~K1+090	03	9	10	1	10	90
粉质土	(4:96)+0.02%	K1+110~K1+200	04	7	13	6	18	70
黏质土	(4:96)+0.015%	k1+210~k1+305	05	5	19	—	7	50

续上表

土质名称	配合比(石灰:土)+固化剂	里程桩号	路段编号	横缝条数	平均间距(m)	10mm以上条数	最大宽度(mm)	开裂率(m/1 000m²)
粉质土	(6:94)+0.015%	K1+310~K1+380	06	6	12	—	7	60
	(6:94)+0.02%	K1+402~K1+500	07	7	14	—	9	70
	(4:96)+0.02%	K1+505~K1+596	08	8	11	—	6	80
	石灰:黏土 12:88	K1+600~K1+755	09	22	7	—	—	220

表12 复合稳定土与水泥稳定砂砾路面基层裂缝调查结果对比

路线名称	基层材料名称	路段长度(m)	横缝条数	平均间距(m)	裂缝总长度(m)	最大宽度(mm)	开裂率(m/1 000m²)
乾安县东环城路一级路（2005年建）	水泥稳定砂砾	213	19	11.2	531	7	104
乾安县科铁线一级公路（2004年建）	复合稳定土（粉质土）	200	11	18.2	248	5	52

6 路面弯沉值检测

通过对天—身线和科—铁线路面弯沉值的检测可以看出，复合稳定土路面基层经过多年荷载作用和自然环境下的冻融和水侵蚀等，弯沉值变化较小，说明其整体强度随龄期的增长而提高，并且具有较好的耐久性能；另外，从科—铁线乾安过境段的弯沉检测结果总体上看，水泥稳定砂砾基层路段的弯沉值大于复合稳定土基层路段，说明复合稳定土基层的整体性强度高于水泥稳定砂砾基层。分别见表13（表中"2002年5月6日"栏和"2008年5月3日"栏，时间为"季节性冰冻地区的春融时节"，当属于"路况最不利季节"的值，在一年中弯沉值表现为最大）和表14。

表13 天—身线不同龄期回弹弯沉值

土质名称	路段编号	基层材料配合比		不同龄期回弹弯沉值(0.01mm)					
		石灰:土	固化剂剂量(%)	2001年7月17日	2001年8月11日	2001年10月14日	2002年5月6日	2002年10月8日	2008年5月3日
粉质土	01	4:96	0.015	63.7	50.7	27.7	58.5	54.7	52.7
	02	6:94	0.015	68.4	46.9	23.6	66.0	48.5	56.1
	03	6:94	0.020	87.4	50.3	25.7	55.0	51.6	57.3
	04	4:96	0.020	72.1	60.1	29.6	74.3	55.2	54.2
黏质土	05	4:96	0.015	68.4	48.5	29.0	69.8	52.9	59.4
	06	6:94	0.015	62.3	53.1	29.5	54.0	50.9	51.6
	07	6:94	0.020	52.9	48.3	23.4	63.6	47.2	53.9
	08	4:96	0.020	46.7	36.7	21.2	58.3	47.6	53.4
	09	12:88	0	93.6	68.1	44.2	77.8	59.3	63.0

表14 科—铁线乾安过境段一级路不同时间弯沉检测值

里程桩号	不同时期的弯沉值（0.01mm）								基层材料配合比
	2004年10月20日				2008年5月3日				
	上行车道		下行车道		上行车道		下行车道		
	左	右	左	右	左	右	左	右	
K83+950	—	20	—	10	—	14	—	8	复合稳定土 （水泥：土）+ 固化剂 = （6：94）+0.03%
K83+930	16	—	12	—	8	—	18	—	
K83+910	—	22	—	2	—	20	—	6	
K83+890	8	—	8	—	4	—	8	—	
K83+870	—	24	—	22	—	22	—	8	
K83+850	10	—	24	—	8	—	8	—	
K83+830	—	10	—	12	—	16	—	10	
K83+810	8	—	20	—	12	—	10	—	
K83+790	—	6	—	16	—	4	—	6	
K83+770	14	—	16	—	12	—	8	—	
K83+750	—	6	—	12	—	4	—	10	
K83+730	14	—	8	—	16	—	6	—	水泥稳定砂砾 水泥：砂砾=6：94
K83+710	—	14	—	18	—	30	—	4	
K83+690	30	—	4	—	16	—	14	—	
K83+670	—	18	—	2	—	24	—	2	
K83+650	16	—	14	—	8	—	14	—	
K83+630	—	16	—	14	—	18	—	12	
K83+610	18	—	8	—	62	—	6	—	
K83+590	—	12	—	30	—	8	—	4	
K83+570	24	—	14	—	10	—	6	—	
K83+550	—	18	—	22	—	18	—	28	
K83+530	24	—	8	—	8	—	8	—	
K83+510	—	14	—	20	—	18	—	6	
K83+490	26	—	16	—	14	—	10	—	
K83+470	—	20	—	18	—	14	—	4	
K83+450	10	—	14	—	12	—	16	—	

7 路基粉煤灰复合稳定土强度试验结果,如表15。

表15 路基粉煤灰复合稳定土强度试验结果

序号	路线名称	工程路段	材料配合比		压实系数	强度（CBR）（%）
			结合料：土	固化剂剂量(%)		
1	双辽—嫩江高速公路	白城坦途镇标段	粉煤灰：石灰：粉土=2：1：97	0.010	0.90	8.6
					0.95	9.2
					1.00	10.5
		白城东屏镇标段	粉煤灰：粉土=3：97	0.010	0.90	8.9
					0.95	12.1
					1.00	15.9
		白城德顺乡标段	粉煤灰：粉土=3：97	0.010	0.90	10.5
					0.95	15.6
					1.00	20.5
		白城2标段	粉煤灰：粉土=3：97	0.012	0.90	17.5
					0.95	22.0
					1.00	30.2
		白城黑水镇标段	素土	—	0.90	3.0
					0.95	3.2
					1.00	6.7
			石灰：粉土=1.5：98.5	0.015	0.90	49.5
					0.95	68.15
					1.00	72.8
			石灰：粉土=3：97	0.015	0.90	23.3
					0.95	45.2
					1.00	56.3
		洮南洮儿河标段	素土	—	0.90	3.2
					0.95	3.35
					1.00	6.29
			粉煤灰：粉土=3：97	0.015	0.90	5.7
					0.95	6.8
					1.00	7.3
		镇赉坦途标段	素土	—	0.90	5.5
					0.95	7.05
					1.00	9.9
			粉煤灰：粉土=3：97	0.015	0.90	6.4
					0.95	9.8
					1.00	11.2

续上表

序号	路线名称	工程路段	材料配合比		压实系数	强度（CBR）（%）
			结合料：土	固化剂剂量（%）		
2	长春—双辽高速公路	梨树乌树台标段	素土	—	0.95	11.7
			粉煤灰：粉土＝3：97	0.015	0.95	21.8
		双辽大慈惠标段	素土	—	0.95	5.9
			粉煤灰：粉土＝3：97	0.015	0.95	13.8
		双辽双榆树标段	素土	—	0.95	11.5
			粉煤灰：粉土＝3：97	0.015	0.95	22.6
		双辽12标段	粉煤灰：粉土＝3：97	0.015	0.90	8.4
					0.95	10.9
					1.00	15.7
3	牙克石—四平公路	王奔标段	素土	—	0.95	8.3
			粉煤灰：粉土＝3：97	0.015	0.95	21.1
		安仁村标段	素土	—	0.95	12.3
			粉煤灰：粉土＝3：97	0.015	0.95	23.2
		服先标段	素土	—	0.95	13.8
			粉煤灰：粉土＝3：97	0.015	0.95	21.9
4	集安—双辽高速公路（双辽境内）	白菜村K128处	粉煤灰：粉土＝3：97	—	0.95	12.8
			粉煤灰：粉土＝3：97	0.010	0.95	13.6
			粉煤灰：粉土＝3：97	0.015	0.95	14.3
		白菜村K129处	粉煤灰：粉土＝3：97	—	0.95	16.6
			粉煤灰：粉土＝3：97	0.010	0.95	17.2
			粉煤灰：粉土＝3：97	0.015	0.95	17.8
		红旗镇桑树粮库处	粉煤灰：粉土＝3：97	—	0.95	21
			粉煤灰：粉土＝3：97	0.010	0.95	22.4
			粉煤灰：粉土＝3：97	0.015	0.95	22.7
		刘家馆子镇1号标段	粉煤灰：粉土＝3：97	—	0.95	19.6
			粉煤灰：粉土＝3：97	0.010	0.95	20.4
			粉煤灰：粉土＝3：97	0.015	0.95	20.7
		刘家馆子镇2号标段	粉煤灰：粉土＝3：97	—	0.95	10.5
			粉煤灰：粉土＝3：97	0.010	0.95	11.3
			粉煤灰：粉土＝3：97	0.015	0.95	12.2
5	延安—延川高速公路	延安姚家店收费站	石灰：黏土＝3：97	0.015	0.90	70.0
					0.95	97.0
					1.00	147.0

注：以上试验检测数据是基于ZL系列土质固化剂，不同固化剂结果可能会有差异。

附件2 复合稳定土技术应用案例

表1 复合稳定土技术应用案例

工程项目名称	层位	土质名称	配合比（%）			固化剂剂量(%)
			水泥	石灰	土	
302国道长白高速公路辅道农安段	底基层	黏质土	—	6.0	94.0	0.020
302国道长白高速公路辅道大安段	底基层	低液限黏土	—	5.0	95.0	0.015
通化—丹东高速公路快大茂段	底基层	风化山砂	3.5	—	96.5	0.015
203国道二级路前郭段	底基层	粉土质砂	1.0	4.0	95.0	0.015
203国道二级路长岭段	底基层	粉土质砂	1.5	3.5	95.0	0.020
辽宁朝阳葫—六公路	底基层	砂砾土	3.5	—	96.5	0.015
河北沧州开发区主干道	底基层	低液限黏土	2.0	3.0	95.0	0.014
陕西延延高速	路基	低液限黏土	—	3.0	97.0	0.012
山西吉县连接线	底基层	低液限粉土	—	5.0	95.0	0.015
吉荒高速公路辅道舒兰段	底基层	风化山砂	4.0	—	96.0	0.015
牙四线四平至梨树段	底基层	风化山砂	5.0	—	95.0	0.020
长吉南线吉林至饮马河段	底基层	风化山砂	5.0	—	95.0	0.020
牙四线前郭段	底基层	低液限粉土	1.5	4.0	94.5	0.020
哈松线松原段	底基层	低液限粉土	4.0	3.0	93.0	0.020
长清线桦甸段	底基层	风化山砂	4.0	—	96.0	0.015
长春大外环九台段	底基层	风化山砂	4.0	—	96.0	0.015
陕西吴定高速	路基	低液限粉土	—	3.0	97.0	0.012

注：本表为复合稳定土结构层的配合比组成，可供混合料配制时参考。

本标准用词用语说明

1 本标准执行严格程度的用词采用下列写法：

1）表示很严格，非这样做不可的用词，正面词采用"必须"，反面词采用"严禁"。

2）表示严格，在正常情况下均应这样做的用词，正面词采用"应"，反面词采用"不应"或"不得"。

3）表示允许稍有选择，在条件许可时首先应这样做的用词，正面词采用"宜"，反面词采用"不宜"。

4）表示有选择，在一定条件下可以这样做的用词，采用"可"。

2 引用标准的用语采用下列写法：

1）在标准总则中表述与相关标准的关系时，采用"除应符合本标准的规定外，尚应符合国家和行业现行有关标准的规定"。

2）在标准条文及其他规定中，当引用的标准为国家标准或行业标准时，应表述为"应符合《××××××》(×××)的有关规定"。

3）当引用本标准中的其他规定时，应表述为"应符合本标准第×章的有关规定""应符合本标准第×.×节的有关规定""应符合本标准第×.×.×条的有关规定"或"应符合按本标准第×.×.×条的有关规定执行"。